U0539640

# 國小 數學 五年級
# 思考與推理

50道生活化趣味化的建構反應題，強化小學生的數學素養及促進學習

五南圖書出版公司 印行

鍾靜 總策劃
鍾靜 詹婉華 合著

# 建構反應題的題型引導學童思考與推理

國立臺北教育大學數學暨資訊教育學系教授　鍾靜

　　建構反應題（Constructed Response Item [CRI]）源自國際的大型測驗，包括國際教育成就評量學會的「國際數學與科學成就趨勢調查」（Trends in International Mathematics and Science Study [TIMSS]），以及美國國家教育統計中心的「國家教育進展評測」（National Assessment of Educational Progress [NAEP]），這些測驗除了選擇題外，都以大幅度的**建構反應題**來評量學童的溝通、推理和連結能力，並瞭解他們對數學知能的理解和應用能力。

　　反觀我國各縣市的國小數學基本學力檢測大都以選擇題來進行施測，只有臺北市於96學年度起每年增加6題**建構反應題**抽測六年級學童，自103學年度開始以2題進行普測五年級學童，但110學年度起限於閱卷人力改為1題；新北市自102學年度起每年增加2題**非選題**普測五年級學童，此非選題就是建構反應題，並自106學年度起每年增加6題抽測，以加速掌握學童的學習狀況，雖然從110學年度起輔導團不再負責檢測命題，但仍持續辦理非選題命題工作坊及相關推廣。基隆市數學輔導團有鑑於**建構反應題**比選擇題更能掌握學童的數學學習狀況，從108~110學年度起分別對五、四、三年級抽測10題進行研發，112學年度還研發了一些六年級題目並進行推廣。北、北、基三縣市的基本學力檢測皆重視建構反應題，因它可以評量數學素養，還可促進學習，而且一般的測驗題並不能反映出此種現象。基本學力檢測的**建構反應題**，不以艱深、資優、大型題目為訴求，而以小型且貼近教學內容的親民題為主。

## 建構反應題的特色與內涵

**建構反應題**是一種由學童自行組織、思考產生答案之試題；它可幫助學童做深層思考，而不是表面思考，其最主要的優點是要求學童去發揮和創造他們的回應，他們要自己設法答題，而不是例行性、機械式的反應答案。傳統的建構反應題，分為填充題、論文題兩類，論文形式的建構反應題能測量複雜的學習成果，特別是應用思考、解決問題，以及組織、統整和寫作表達的能力。論文題又可分為限制反應題、**擴展反應題**（延伸反應題），限制反應題也有人稱簡答題，明確指定學童的主題和反應方式；擴展反應題給予學童自由組織、整合相關知識，並將其呈現出來，可用來評量最高層次的認知能力。

學童回答建構反應題，需要有真正的理解，才能建構出基於這種理解的答案；通常一般的選擇題、填充題、計算題和應用題不易反映出這種現象。**擴展式建構反應題**（簡稱建構反應題）是比較有彈性的，能夠用來測量學童在課程目標下的靈活運用程度；評量目的是為瞭解學童數學概念理解情形、解題思考歷程、解題推理能力、解題應用能力、數學表徵能力等，並透過解題表現來確認、提升、延伸、綜合他們的數學知能。

## 建構題型引導思考與推理

建構反應題的內容和題型，鼓勵學童選擇學過有關的知識，根據自己的判斷組織答案，最後合成適當的想法並呈現出來；解題過程同時在訓練學童運用思考、組織統整、表達想法的能力，而這些能力都是學校教育的重要目標。數學素養包括數學的思維、生活的應用兩大成分，數學素養導向的試題可從這兩大成分來設計。貼近學童學習內容的建構反應題，強調數學基本概念或知能，可以充分達成數學素養中「數學的思維」評量，至於「生活的應用」評量則需有適當且自然的真實情境來結合。建構反應題與一般的應用題不同，特別能瞭解學童的解題想法，以及對所

學概念的掌握情形。筆者認為這種評量題型在教學現場最容易入手，而且利用錯誤例、正確或優良例的討論，都能產生增進知能的效果。

　　學童面對建構反應題，它是較高層次、小型任務的非例行性問題，他們無法透過死記口訣、多次練習來回答，必須經過思考用什麼策略來解題，或是經過推理來判斷題意內容。學童還要寫出解題的想法、作法，或者理由，他們沒有思考能力、推理想法是很難達成數學學習的理想目標。

## 建構題呈現學童真實表現

　　建構反應題是一種非例行性、很親民、很可行的評量題，它可以掌握學童「數學的思維」、「生活的應用」狀態。這種題目和傳統紙筆測驗的最大差異，在於特別能看出學童受到例行性問題的模仿解題、死背公式、死記作法等不佳的解題表現。

　　學童的作答可分為正確解、部分正確、錯誤回答三種狀態。答案正確、理由或說明完整即是**正確例**，學童的表現不是正確就好，而是要去瞭解他們的解題思維是否有待提升？有些正確解並未扣住題目的核心概念，透過多元的正確解題分享，可評析出解題策略較佳的優良解，在歷程中也可促進及提升學童的學習。親師也不能忽略**錯誤例**、**部分正確**的學童，他們的迷思概念、學習困難是否能澄清和修補？補強後能夠鞏固概念，這攸關他們爾後學習的進展。有些學習成就高的學童，面對建構反應題不能答出正確解，可見他們的學習只能做例行性題目；有些學習成就低的學童，反而能答出正確解，甚至是優良解，其實他們的數學概念很不錯，可能平時學習鬆散才造成表現不良。

　　總之，建構反應題是非例行性的題型，它能評量出學童的真正學習成效，他們需透過思考和推理才能解題，是非常值得使用和推廣的題型。讀者若想進一步認識建構反應題，可參看筆者於113年1月五南圖書出版公司出版的《鍾靜談教與學（二）：數學素養導向評量設計實務》。

# 從建構反應題落實數學素養和促進學習的評量

國立臺北教育大學數學暨資訊教育學系教授　鍾靜

　　學童在數學課室學習後的診斷，「正確評量」與「有效使用」兩者缺一不可，前者關注正確的評量目的、清晰的學習目標，以及健全的設計，以蒐集學童的學習表現；後者則是有效的回饋溝通及促進學童的參與。新典範的學童學習後評量應該具備：1.引發高階思維的挑戰性任務、2.同時處理學習過程與學習結果、3.持續性的過程並與教學整合、4.形成性的使用以支持學童學習、5.學習期待可被學童看見、6.學童主動評估自我工作，以及7.同時被用來評量教學與學童學習；評量要真的被用來幫助學童學習，它就必須要做根本的轉變，不僅評量的內容與角色必須被顯著的改善，而且評量資訊的蒐集洞察與使用，必須成為持續學習過程的一部分。從這些評量的內容和方式來分析，顯見親師需要一個簡單可行、容易實施的評量作為；筆者建議可將建構反應題作為較高層次、小型任務，來瞭解學童在數學課室的學習狀況。

## 建構反應題與數學素養

　　我國108學年度開始的十二年國教課程，強調要培養學童的核心素養，跟數學領域早已重視的數學素養吻合。筆者分析國內、外數學素養的代表相關文獻，發現不外與「數學的思維」、「生活的應用」有關。十二年國教除了「知能」外，非常強調「態度」的培養，所以數學教材的安排、教學的落實更顯重要。教學中進行**數學素養**的培養，就是以「數學的思維」對應內部連結的深度，以「生活的應用」對

應外部連結的廣度,連結不是數學內容,它是察覺、轉換、溝通、解題、評析的數學過程;教師協助學童適機接觸真實世界和數學問題的關聯外,還需加強培養學童主動探索、討論發表、批判思維的能力。國中基測的時期,僅以選擇題評量學生,教育會考增加了開放式題型,它沒有選項供學童選擇,故簡稱為非選擇題;學童須自己建構解題方法並找出解答,這種題目也可稱為**建構反應題**,增考非選題是要呼應素養導向的評量。國教院也出版國小的素養導向試題研發成果共有兩期,第一期有八類主題39個題組、第二期有六類主題45個題組,每個題組中幾乎都有**建構反應題**。

數學課室中的活動、主題、課題、問題、結構、應用或是練習都是數學任務;良好的數學任務要考慮學童的先備知識,在學童的近側發展區,激發學童的好奇心,培養問題解決的能力,並鼓勵多元的解題方式。因此,運用親民地緊扣教材內容、重視瞭解思維的建構反應題,其答案不採用開放、只是偶爾有多解,來瞭解學童的多元解法、展現不同的解題思維,以及解決問題的答題程度。

### 〈 建構反應題與促進學習 〉

學習評量有三種取向:按評量的功能可以區分為學習結果的評量(assessment of learning)、促進學習的評量(assessment for learning)、評量即學習(assessment as learning)等三個面向。學習結果的評量是依據教學目標來評量學童的學習成果,用來評定等第或是提出報告;**促進學習的評量**是在協助教師獲得教學的回饋,據此進一步調整教學,並幫助學童學習;評量即學習是以學童為評量的主體,讓其主動參與評量,並反省、調整自己的學習策略,進而達到更好的學習成效。這三種取向的評量,對於學童的學習都有其價值和貢獻,教師都須認識和瞭解。親師現階段已從教學者為中心的教學,轉為學習者為中心的教學;更須從學習結果的評量,轉為促進學習的評量。

國內的課程與教學專家也大聲疾呼，親師應該要從重視學習結果的評量，轉到重視促進學習的評量。教師在教學過程中，試圖尋求、詮釋某些資料或獲得證據，來瞭解學童現在的學習狀況，掌握他們達到學習目標的差距，這樣的評量就是「促進學習的評量」。親師運用建構反應題來評量學童，能掌握他們的學習狀況，並調整教學來達成學習目標。

### 建構反應題與學生學習

學習評量強調持續與教學整合的過程，教師運用形成性評量以支持學童學習，而且是學習的過程與結果並重；藉由高階思維的挑戰性任務，來協助學童看見學習期待，以及主動評估自我的學習。透過評量與教學的整合，使得形成性評量被重新重視，它可以兼顧小規模總結性評量，但總結性評量無法兼顧形成性評量。進行形成性評量教學活動，促進師生、同儕間的溝通討論，產生了有意義、有思考的學習，這就是高層次數學任務的目的。

數學素養包括數學的思維、生活的應用兩大成分，數學素養導向的試題可從這兩大成分來設計。國中會考、研究院研發的建構反應題，都較強調和生活情境連結。若要同時考量學習評量的高層次挑戰性任務、形成性評量等，還有落實數學素養導向、促進學習的評量，本書中的建構反應題，強調數學基本概念或知能，可以充分達成數學素養中「數學的思維」評量，以及配合適當且自然的真實情境來結合「生活的應用」評量。運用建構反應題實施「先評量、後討論」活動，就是將它作為素養導向的評量，透過討論即為素養導向的教學，這整個的過程就是促進學習的形成性評量，可提升學童的學習效果。

建構反應題特別能瞭解學童的解題想法，以及對其所學概念的掌握情形。筆者認為這種評量題型，親師很容易入手，而且利用錯誤例、正確或優良例的討論，都能幫助他們學習得更好。

# 本書使用說明

新北市國小數學輔導團研究員／新北市中正國小教師　詹婉華

　　好的數學評量題不只是能評量學童的數學學習成果，還能激發學童數學思考、邏輯推理的能力，甚至能讓學童在作答中不斷產生自我思辨的歷程，透過這樣的動腦問題可對學習數學產生興趣。五年級的學童比中年級的學童更具邏輯思考及表達思維的能力，本書基於這樣的理念，以五年級學童所學的數學概念，設計了能促進學童數學素養，且生活化、趣味化的題目，也就是建構反應題。

## 本書簡介與試題內容

　　建構反應題共有50題，分為整數與概數、分數與小數、量與實測、關係、圖形與空間、資料與不確定性六個主題。由書中的附錄可以知道每一題的評量目標及對應的各版本學習單元，家長和教師可以在學童學習相關的數學概念後，讓學童運用數學的思維進行作答，因此，建構反應題不適合作為課堂中建立學童數學概念的教學題，也不適合運用於學童課後的精熟練習。

　　每一題建構反應題包含題目與作答欄、教授的留言板、學童作答舉隅三個部分。學童可以在閱讀題目後，將解決問題的想法、作法寫在作答欄中；【教授的留言板】提供與該題內容相關的教材、教法，或學童會如何學習此數學概念，但不包含題目的解題策略；【學童作答舉隅】則包含學童正確解題的方法，以及因數學概念不穩固而發生的錯誤，因此，不宜讓學童完成作答前參考。

## 瞭解學童的數學學習

　　本書的建構反應題除了能幫助家長和老師瞭解五年級學童在經過課堂學習後，是否能建立正確的數學概念，每一題建構反應題的正確解題路徑不只一種，在書中提供至少兩種學童正確解答的示例，讓家長和老師能夠瞭解該題可以有不同的數學解題思維，同時提供部分正確和回答錯誤的示例，幫助家長和老師瞭解學童可能發生的錯誤及迷思概念。

　　建構反應題不是一般的測驗題，學童面對問題必須寫出自己的想法、作法，需要分析題目中解決問題的資訊、判斷題目中的訊息是否正確，甚至需要進一步的推理、說明，這些都能讓學童進行數學思考及釐清想法，穩固已學過的數學概念，讓學童在評量中逐步培養數學的思維及素養。

## 先評量再和學童對話

　　每個建構反應題約5至10分鐘的作答時間，要讓學童在安靜的環境進行答題，同時提醒學童專注思考及作答。

　　家長可在學童完成作答後，和學童進行對話，家長可以引導讓學童有條理且完整的說明他的想法，若學童回答錯誤時，也別急著說明，可藉由對話逐步釐清學童的迷思；若學童回答正確時，也可配合【學童作答舉隅】，和學童討論其他的解題策略，並比較不同解題策略的思考模式，促進學童的數學思考、推理能力，以及數學表達、數學欣賞的能力。

　　教師可在全班完成作答後，和全班進行共同討論，同樣的，教師不要急著說明正確解題的方法，可先讓回答錯誤的學童說明想法，再藉由師生間、同學間的對話，逐步釐清學童的迷思概念，幫助學童建立正確的數學概念，教師可藉由不同的正確解題策略，引導學童欣賞不同的解題策略，進而促進學童多元解題的能力，培養學童的數學素養。

　　期盼藉由本書的建構反應題，真正落實素養導向評量，並培養學童「數學的思維、生活的應用」能力的增進。

# 目錄 CONTENTS

鍾靜 ▶ 建構反應題的題型引導學童思考與推理　　　　　　　　　III

鍾靜 ▶ 從建構反應題落實數學素養和促進學習的評量　　　　　　VI

詹婉華 ▶ 本書使用說明　　　　　　　　　　　　　　　　　　IX

## 主題一　整數與概數

1. 選數字排一排　　　　2
2. 數字卡遊戲　　　　　8
3. 水蜜桃蛋塔　　　　　14
4. 積木排排看　　　　　20
5. 剪出正方形紙卡　　　24
6. 找回多少元　　　　　28
7. 音樂影片的觀看次數　34
8. 更換電腦的費用　　　40
9. 猜數字遊戲　　　　　46
10. 定點投籃比賽　　　　52
11. 便利商店的牛奶　　　56

## 主題二　分數與小數

12. 不同口味的水果酥　　64
13. 剩下的提拉米蘇　　　70
14. 吃掉的鮮奶泡芙　　　76
15. 點心鋪的鮮蝦燒賣　　80
16. 飲料店的牛奶冰沙　　84
17. 檸檬水裡的蜂蜜　　　90
18. 分數大小比一比　　　94
19. 分到幾盒巧克力奶酥　100
20. 新臺幣兌換日圓　　　106
21. 賣出多少香草冰淇淋　112
22. 生日會的焦糖布丁　　118

## 主題三

### 量與實測

23. 圓滿如意禮盒　　　　126
24. 花園裡的天然草皮　　130
25. 國家公園的面積　　　136
26. 阿健的大貨車　　　　142
27. 點心鋪的和果子　　　146
28. 校慶的卡通影片　　　150
29. 彩色紙做的無蓋紙盒　156
30. 水族箱裡的金魚和烏龜　162

## 主題四

### 關係

31. 草莓園裡的草莓　　　168
32. 彩色聖誕小燈泡　　　174
33. 手工製作的小卡片　　180

## 主題五

### 圖形與空間

34. 竹籤的選擇　　　　　188
35. 三角形的三個角　　　194
36. 圖形是不是平行四邊形　200
37. 小昕做的正方體　　　206
38. 不知名稱的柱體　　　212
39. 角柱角錐猜一猜　　　218
40. 藍色三角形蕾絲領巾　224
41. 彩繩圍成的梯形　　　230
42. 珊珊畫的圖形　　　　236
43. 原味海綿蛋糕　　　　242
44. 積木的體積　　　　　248
45. 不同顏色積木的表面積　254
46. 積木的堆疊　　　　　260
47. 安熙畫的圖形　　　　266
48. 畫出指定的線對稱圖形　272

## 主題六

# 資料與不確定性

49. 熱可可的銷售量　　　280
50. 太陽的高度角　　　286

| 附錄一 | 「整數與概數」各題之評量目標與對應各版本單元內容 | 292 |
| --- | --- | --- |
| 附錄二 | 「分數與小數」各題之評量目標與對應各版本單元內容 | 296 |
| 附錄三 | 「量與實測」各題之評量目標與對應各版本單元內容 | 300 |
| 附錄四 | 「關係」各題之評量目標與對應各版本單元內容 | 303 |
| 附錄五 | 「圖形與空間」各題之評量目標與對應各版本單元內容 | 304 |
| 附錄六 | 「資料與不確定性」各題之評量目標與對應各版本單元內容 | 309 |

memo

## 主題一
### 整數與概數

# 1 選數字排一排

老師要佳佳從 2、3、4、5、6 這5張數字卡，選1張數字卡排入三位數的空格中（如下圖），讓排好的三位數是3的倍數，也是2的倍數，佳佳要選什麼數字才正確？說明你的想法或作法。

| 5 | 7 |   |

| 佳佳要選什麼數字才正確？ | 我的想法或作法： |
|---|---|
|  |  |

### 教授的留言板

　　學童從學習基本乘法開始，就認識「幾的幾倍」，接著學整數、小數的直式乘法，對「幾倍」的語言並不陌生；現在學習「倍數」，只是乘法概念的擴充。學童學習2的倍數，不論是從哪一個數乘以2、再乘以2、……，他們會發現這些乘以2的數，其末位數產生一些數字的規律；這些尾數規律也稱特性，就是判斷哪些數是2倍數的依據。學童學習3的倍數，不論是從哪一個數乘以3、再乘以3、……，他們都找不到這些乘3的數有什麼規律或特性；他們目前只能用除以3來判斷哪些是3的倍數。學童在現階段剛學倍數概念，尚不宜學習3倍數的判斷法；爾後可先嘗試觀察3倍數的各數字加總是3的倍數，再讓他們多看幾個例子，例如：$4635 \div 3 = (4 \times 1000 + 6 \times 100 + 3 \times 10 + 5) \div 3 = (999 + 99 + 9) \div 3 + (4 + 6 + 3 + 5) \div 3 = (333 + 33 + 3) + 18 \div 3$，藉由$(4 + 6 + 3 + 5) \div 3$的思考和推理來理解。親師可能覺得這個3倍數判斷的機械式記憶很簡單，若要讓學童有概念性理解就很困難。國小階段只能透過多個案例來瞭解，到國中階段才宜探討一般化規律。

## 學童作答舉隅

### 正確例一

佳佳要選6

空格是三位數的個位
個位是0、2、4、6、8的三位數是2的倍數
所以，個位數不能選3、5，只能選2、4、6
572÷3＝190…2
574÷3＝191…1
576÷3＝192

576是3的倍數，選6

### 作答說明

學童知道個位數是0、2、4、6、8的三位數是2的倍數，先找出是2的倍數的數字，並用除法找出能被3整除的數，最後找出正確的數字。

## 正確例二

佳佳要選6

數字卡可以組成的三位數是572、573、574、575、576

572 ÷ 3 = 190…2

573 ÷ 3 = 191

574 ÷ 3 = 191…1

575 ÷ 3 = 191…2

576 ÷ 3 = 192

573和576是3的倍數

573 ÷ 2 = 286…1

576 ÷ 2 = 288

576是2的倍數

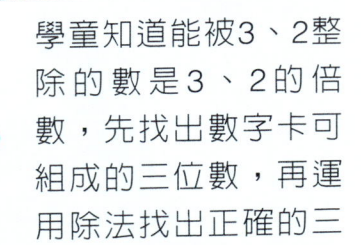

### 作答說明

學童知道能被3、2整除的數是3、2的倍數，先找出數字卡可組成的三位數，再運用除法找出正確的三位數及正確的數字。

### 部分正確一

佳佳可以選 2、4、6

個位數字是偶數的數是2的倍數
572、574、576是2的倍數

**作答說明**

學童以個位的數字找出是2的倍數的三位數,但忽略這些三位數不一定是3的倍數。

### 部分正確二

佳佳可以選3、6

$572 \div 3 = 190 \cdots 2$
$573 \div 3 = 191$
$574 \div 3 = 191 \cdots 1$
$575 \div 3 = 191 \cdots 2$
$576 \div 3 = 192$
573、576是3的倍數

**作答說明**

學童知道可以被3整除的數是3的倍數,但忽略573不是2的倍數。

### 回答錯誤一

佳佳可以選2、4、6
2、4、6是2的倍數

**作答說明**

學童只說明2、4、6是2的倍數,未說明數字卡組成的三位數是否為2的倍數,也未找出3的倍數的三位數。

### 回答錯誤二

佳佳可以選3
$572 \div 3 = 190\cdots2$
$573 \div 3 = 191$

**作答說明**

學童雖然能用除法找出3的倍數,但僅計算其中2個三位數,也未確認3的倍數的數是否為2的倍數。

## 2 數字卡遊戲

欣欣和恬恬玩猜數字卡遊戲，他們準備了 1 到 9 的數字卡各1張，欣欣拿了2張數字卡，欣欣說：「我拿的2張數字卡的數，都只有2個因數。」恬恬猜兩張數字卡是 3 和 5 ，欣欣說：「你一張猜對、一張猜錯。」欣欣拿到的數字卡可能是哪些數？寫出兩組數，並說明你判斷的方法。

1 2 3 4 5
6 7 8 9

| 欣欣拿到的數字卡可能是哪些數？ | 我判斷的方法： |
|---|---|
|  |  |

### 教授的留言板

　　學童會在同一單元學習倍數、因數，通常因數是從「除式」來理解，當整數a除以b（b≠0）的商正好是整數而沒有餘數，稱b是a的因數，例如：18÷1＝18、18÷2＝9、18÷3＝6、18÷6＝3、18÷9＝2、18÷18＝1，所以整數18的因數有1、2、3、6、9、18。學童學習因數最大的困難是常常忘記「1」是任何整數的因數，還有該數的「本身」也是因數；初學因數是用列舉法，親師應讓學童多觀察找因數的除式，因為a÷b＝c、a÷c＝b，例如：……、18÷3＝6、18÷6＝3、……，這些除式有對稱規律，他們只需折半的除式，就能找到所有的因數。因數和倍數是相對的概念，例如：12是4的倍數、4就是12的因數，因為4×3＝12且12÷4＝3，可以寫成一個算式「12＝4×3」。當a、b、c為整數，「a＝b×c」中a是b、c的倍數，b、c是a的因數，爾後親師可用a＝b×c讓學童找因數。

主題一：整數與概數

## 學童作答舉隅

**作答說明**

學童找出1～9中只有2個因數的數,再依題目的線索,找出所有可能的數。

### 正確例一

有4種可能
(1)2、3　(2)3、7　(3)2、5　(4)5、7
1到9的數,只有2個因數的是2、3、5、7
欣欣說一張猜對、一張猜錯
表示其中一張是3或5
對的那一張如果是3,可能是2、3,也可能是3、7
對的那一張如果是5,可能是2、5,也可能是5、7

### 正確例二

(A) 可能是3、2,也可能是3、7
　　我先猜其中一個數是3
　　2的因數有1、2
　　4的因數有1、2、4
　　6的因數有1、2、3、6
　　7的因數有1、7
　　8的因數有1、2、4、8
　　9的因數有1、3、9
　　另一個數可能是2或7

(B) 可能是5、2,也可能是5、7
　　我先猜其中一個數是5
　　2的因數有1、2
　　4的因數有1、2、4
　　6的因數有1、2、3、6
　　7的因數有1、7
　　8的因數有1、2、4、8
　　9的因數有1、3、9
　　另一個數可能是2或7

> **作答說明**
>
> 學童依題目線索,選取其中一個數,再列舉出其他數的因數,找到兩組正確的數。

註:(A)、(B)表示不同學童的作答,以下同。

### 部分正確

可能是3、2，可能是3、5

我從1開始找只有2個因數的數
1的因數有1
2的因數有1、2
3的因數有1、3
4的因數有1、2、4
5的因數有1、5
2、3、5都只有2個因數

### 作答說明

學童用列舉的方法找出1～5只有2個因數的數有2、3、5，並找出兩組數，但忽略題目的訊息，未能完全正確回答問題。

### 回答錯誤一

可能是2,也可能是7

2有2個因數
7有2個因數

**作答說明**

學童知道2、7都只有2個因數,但忽略題目訊息,未能正確回答問題。

### 回答錯誤二

我猜可能是8、9,也可能是1、2

1到9的數
我選最大的2個數8、9
再選最小的2個數1、2

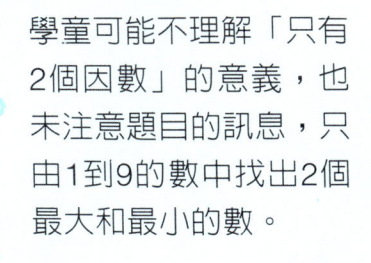

**作答說明**

學童可能不理解「只有2個因數」的意義,也未注意題目的訊息,只由1到9的數中找出2個最大和最小的數。

# 3 水蜜桃蛋塔

慧雪做了二十幾個水蜜桃蛋塔,他和妹妹各吃了1個後,將剩下的水蜜桃蛋塔平分成數包,每一包都有4個。慧雪可能做了幾個水蜜桃蛋塔?答案不只一個,寫下你的想法或作法。

慧雪可能做了幾個水蜜桃蛋塔？

我的想法或作法：

### 教授的留言板

　　學童處理這類包裝問題，扣掉多餘的部分，就是可以平分的數量。他們要從「每包幾個」推算出總量，可以從倍數、因數、除整的概念，來找出該範圍中符合條件的數。因為，因數和倍數是相對的概念，a＝b×c中，a是b、c的倍數，b、c是a的因數；同時「b是a的因數」，表示a÷b＝c，這除式表示b能被a整除，「c是a的因數」，表示a÷c＝b，這除式表示c能被a整除，可見這倍數、因數、整除三者之間是息息相關。本題的設計就在瞭解學童是用什麼思維來解題？以及他們對建構反應題這種非例行性題型的掌握。當學童作答後，親師可透過討論，協助他們欣賞不同思路的多元解法，可以藉此分享來提升解題的靈活度。

主題一：整數與概數

## 學童作答舉隅

### 作答說明

學童知道2個數之間的倍數關係，運用乘法及加法找出可能的正確數量。

#### 正確例一

慧雪做了22個或26個水蜜桃蛋塔

每包4個，總數會是4的倍數
4×5＝20
4×6＝24
4×7＝28
再加上吃掉的2個，就會是慧雪做的數量
20＋2＝22
24＋2＝26
28＋2＝30

### 正確例二

慧雪做了22個或26個水蜜桃蛋塔

慧雪可能做了20到29個蛋塔
吃掉2個後的數量可以被4整除
20 − 2 = 18
29 − 2 = 27
18 ÷ 4 = 4…2
19 ÷ 4 = 4…3
20 ÷ 4 = 5
21 ÷ 4 = 5…1
22 ÷ 4 = 5…2
23 ÷ 4 = 5…3
24 ÷ 4 = 6
25 ÷ 4 = 6…1
26 ÷ 4 = 6…2
27 ÷ 4 = 6…3
20、24能被4整除,再加上吃掉的數量,就是答案
20 + 2 = 22　　24 + 2 = 26

**作答說明**

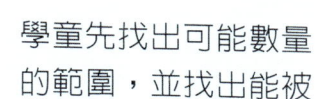

學童先找出可能數量的範圍,並找出能被4整除的數,再找出正確的數量。

## 部分正確一

慧雪做了22個水蜜桃蛋塔

慧雪做的數量是4的倍數＋2
4×5＋2＝22

**作答說明**

學童知道兩數之間的倍數關係，但忽略題目訊息「答案不只一個」，用乘法和加法算出其中一個答案。

## 部分正確二

慧雪做了26個水蜜桃蛋塔

我先扣除被吃掉的2個
剩下的數量能被4整除
29－2＝27　27÷4＝6…3
28－2＝26　26÷4＝6…2
27－2＝25　25÷4＝6…1
26－2＝24　24÷4＝6

**作答說明**

學童知道剩下的數量能被4整除，但忽略題目訊息「答案不只一個」，用減法和除法算出其中一個答案。

### 回答錯誤一

慧雪做了20個水蜜桃蛋塔
4×5＝20

**作答說明**

學童知道兩數之間的倍數關係，但忽略題目的訊息，運用乘法算出一個錯誤的答案。

### 回答錯誤二

慧雪做了28個水蜜桃蛋塔
29÷4＝7…1
28÷4＝7

**作答說明**

學童知道數量是能被4整除的數，但忽略題目的訊息，運用除法找出一個錯誤的答案。

# 4 積木排排看

程程想用長6公分和9公分的積木（如下圖），分別排出一樣長的積木。程程說：「6公分的積木排出一條，9公分的積木排出另一條，6×9＝54，54是6和9的最小公倍數，6公分的積木最少要9個、9公分的積木最少要6個，排出來的長度才會一樣長。」

程程的說法正確嗎？寫下或畫下你的想法。

6公分的積木

9公分的積木

**程程的說法正確嗎？**

**我的想法：**

### 教授的留言板

　　學童學過倍數、因數的概念後，就會進入公倍數、最小公倍數，以及公因數、最大公因數的學習。本題是從2條不同長度的積木來排出等長積木，學童要能在問題情境中判斷是找公倍數，還是公因數；進而從題意的描述中，再進一步確認要找出最小公倍數，還是最大公因數的必要性。學童最大的困難是不能在題目中看出最小公倍數或最大公因數，誰跟正確解有關？通常是因為他們沒有養成認真看題意的習慣，從題目中能找出重要的訊息，例如：最多、最少、最大、最小的描述，這些訊息會跟求解的概念有關。本題的設計就是想評量學童能否具備公倍數、公因數等相關概念，他們是以概念性理解，還是機械式學習，進行這類知識的學習。

主題一：整數與概數

## 學童作答舉隅

### 正確例一

程程的說法不正確

因為要用最少的積木
我找6和9的最小公倍數
9的倍數：9、18、27、36、45、54……
6的倍數：6、12、18、24、30、36、42、48、54……
6和9的最小公倍數是18
6和9的最小公倍數不是54
6公分的積木3個、9公分的積木2個

**作答說明**

學童用列舉法寫出6和9的倍數，並找出6和9的最小公倍數18，以此判斷程程的說法不正確。

### 正確例二

程程的說法不正確

我先找6的倍數，再看6的倍數是不是9的倍數
$6 \times 1 = 6$　　$6 \div 9 = 0 \cdots 6$
$6 \times 2 = 12$　　$12 \div 9 = 1 \cdots 3$
$6 \times 3 = 18$　　$18 \div 9 = 2$
$18 < 54$　　54不是6和9的最小公倍數
6公分積木3個　　9公分積木2個

**作答說明**

學童以乘法找出6的倍數，再將6的倍數以除法找出9的倍數，知道54不是6和9的最小公倍數，並以此判斷程程的說法不正確。

### 部分正確

程程的說法不正確

要找6和9的最小公倍數才會知道6公分積木有幾個、9公分積木有幾個

**作答說明**

學童知道要以6和9的最小公倍數來判斷，但未清楚說明6和9的最小公倍數不是54。

### 回答錯誤一

程程的說法正確

我算過了
6×9＝54　9×6＝54
6的9倍是54　9的6倍是54

**作答說明**

學童忽略題目「最少」的訊息，也未確認6和9的最小公倍數，只以乘法說明54是6的倍數、9的倍數，認為程程的說法正確。

### 回答錯誤二

程程的說法正確

54÷6＝9　54÷9＝6
54 被6和9整除，是6和9的公倍數

**作答說明**

學童忽略題目「最少」的訊息，以除法說明54是6和9的公倍數，但未確認6和9的最小公倍數，認為程程的說法正確。

## 5 剪出正方形紙卡

小伊想把一張長12公分、寬6公分的長方形紙卡，剪成邊長是整公分的正方形，小伊說：「可以有2種剪法，可以剪出邊長2公分的正方形，邊長3公分的正方形。」小喬對小伊說：「你說錯了，不只2種剪法。」

小喬說的正確嗎？你是如何知道的？寫下你的理由。

| 小喬說的正確嗎？ | 我的理由： |
|---|---|
|  |  |

### 教授的留言板

　　學童要從一張長方形紙剪出整公分的正方形，他們要思考這種問題跟什麼數學概念有關？學童若沒想法，可以根據題意畫圖瞭解，他們就可想到要找跟長方形2個邊長有關的正方形，同時再考慮2個數字是用公倍數、公因數概念解題，應該就會了然於心。若是題目的數字很大，學童可用簡化問題的方式將數字變小，能用示意圖瞭解題意就好。他們要能掌握題目中的重要訊息，例如：可以剪出邊長2公分、邊長3公分的正方形，千萬不要記關鍵字或隨意判斷來解題。學童要學的數學問題有很多類型，若他們不理解就是沒有概念的學習，很多問題擺在一起，他們就無法靠記憶或口訣來解題，很多解題方法都會混在一起，親師要能提供一個有意義的學習才是重點。

主題一：整數與概數

## 學童作答舉隅

### 正確例一

小喬說的正確

正方形邊長是整公分
要找12和6的公因數
12的因數：1、2、3、4、6、12
6的因數：1、2、3、6
12和6的公因數：1、2、3、6
不只2種，正方形的邊長可以是1公分、2公分、3公分、6公分，4種剪法

**作答說明**

學童知道找兩數所有的公因數就可以知道有幾種剪法，並以列舉的方法找出兩數所有的公因數來說明。

### 正確例二

小喬說的正確

12是6的倍數
6的因數也會是12的因數
只要找6的因數
6的因數：1、2、3、6
不只2種，正方形的邊長可以是1公分、2公分、3公分、6公分，4種剪法

**作答說明**

學童知道12是6的倍數，只要找出6的所有因數就可以知道有幾種剪法，並列舉6的所有因數來說明。

## 部分正確

小喬說的正確

要找12和6的共同因數

**作答說明**

學童知道要找12和6的公因數，但未清楚說明12和6的公因數不只2個。

## 回答錯誤一

小喬說的不正確

我算過了
6÷2＝3
6÷3＝2
12÷2＝6
12÷3＝4
6是2和3的倍數
12也是2和3的倍數
可以剪2公分
也可以剪3公分

**作答說明**

學童以6、12為2和3的倍數說明小伊的說法正確，但認為只有2種剪法。

## 回答錯誤二

小喬說的正確

12的因數：1、2、3、4、6、12
可以是1公分、2公分、3公分、4公分、6公分、12公分
6種
6的因數：1、2、3、6
可以是1公分、2公分、3公分、6公分
4種
共10種

**作答說明**

學童未思考題目要剪正方形紙卡，分別寫出12和6的所有因數來說明。

主題一：整數與概數

# 6 找回多少元

　　大賣場蘋果禮盒售價113元，小綠買了7盒、小貝買了8盒，他們一起付了2張千元鈔票給店員，想算出店員找回的錢對不對，小綠和小貝分別在紙上寫下計算的方法：

| 小綠的作法 | 小貝的作法 |
|---|---|
| 7＋8＝15 | 2000－113×7＋8 |
| 113×15＝1695 | ＝2000－1695 |
| 2000－1695＝305 | ＝305 |

　　小綠看了小貝寫的算式說：「你寫的算式有錯誤。」

　　小綠說的對嗎？你是如何判斷的？

小綠說的對嗎？

我判斷的方法：

### 教授的留言板

　　學童學習多步驟應用問題，除了能看懂題意、正確解題外，還要會將解題過程和結果併成一個算式；他們曾在解兩步驟問題時，學過將先算的加括號，再和後算的併在一起。學童學習四則運算的3個運算規則：有括號的先算、先乘除後加減、由左算到右，他們在認識後就要能應用這3個運算規則並簡化併式，判斷併式後因為先算所加的括號是要刪除還是保留？學童從題目的情境中要直接寫成一個算式是有些難度，他們要同時掌握多個步驟間的關係，一步要到位寫出併式是不容易的。親師可引導他們先寫出沒有併式的多步驟解題，再寫出併式的正確性會更高。本題就在評量學童對三步驟併式意義的理解，並能判斷解題過程和結果併成一個算式是否正確？

## 學童作答舉隅

### 正確例一

小綠說的正確

小貝是將小綠的3個算式寫成一個算式
算式的1695是113×15的積
15是7＋8的和，要先算7＋8
所以7＋8要加（　）
如果不加括號，依先乘除後加減
小貝寫的算式會變成先算113×7
113×7是791，791＋8不是1695
所以要寫2000－113×(7＋8)

### 作答說明

學童理解三步驟併式的意義，以併式運算的順序說明小貝寫的三步驟併式不正確。

### 正確例二

小綠說的正確

這一題要算找回的錢
要先算買蘋果禮盒花了多少錢
小貝的算式 2000－113×7＋8
8是盒數，不是價格，所以要先算(7＋8)
所以小貝的算式要寫
2000－113×(7＋8)＝2000－1695＝305

**作答說明**

學童由題目的情境說明三步驟併式中的錯誤，並寫出正確的三步驟併式來說明。

### 正確例三

小綠說的正確

小貝寫的算式 2000－113×7＋8
先乘除後加減，要先算 113×7＝791
然後 2000－791＋8＝1217　答案不正確
所以小貝的算式要寫
2000－113×(7＋8)＝2000－1695＝305

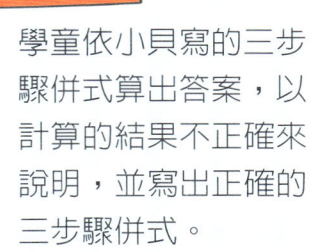

**作答說明**

學童依小貝寫的三步驟併式算出答案，以計算的結果不正確來說明，並寫出正確的三步驟併式。

### 部分正確

小綠說的正確

因為三步驟併式要先乘除後加減，括號先算

**作答說明**

學童雖然知道三步驟併式運算的先後順序，卻未清楚說明小貝寫的算式的錯誤。

### 回答錯誤一

小綠說錯了

我算的方法及結果，和小貝一樣

小貝的算式沒錯

**作答說明**

學童不清楚題目的三步驟併式中先算加減必須要加括號，以計算方法及結果和小貝相同來說明。

### 回答錯誤二

小綠說錯了

小綠的算式是分開算
小貝是把3個算式併在一起算
我學過3個算式可以併在一起寫

**作答說明**

學童不清楚三步驟併式運算的順序，以3個算式可以合併為一個算式來說明。

## 7 音樂影片的觀看次數

在華文音樂影音平臺,「告白」音樂影片觀看次數是二億零五萬次,「光年」音樂影片觀看次數是200500000次。在華文音樂影音平臺的「告白」和「光年」這兩首音樂影片,哪一首被觀看次數比較多?說明你的理由。

| 哪一首音樂影片被觀看次數比較多？ | 我的理由： |
|---|---|
| | |

### 教授的留言板

　　學童在學習一兆以內的大數，最困難的是正確的報讀；他們可透過位值表（定位板）、每四位數字畫底線，並瞭解10個「千」是「萬」、10個「千萬」是「億」、10個「千億」是「兆」來確知。學童碰到很多零的大數，很容易弄不清楚，尤其是讀法，讀法的表示是用大寫寫出數字的相關位值，但不必強求他們寫出，只要會讀並確知是哪個數就好；讀法要能寫出數字、數字要能唸出讀法。在商業上，習慣將數用「三位一撇」來記，配合數的中文讀法最好是用「四位一撇」，但兩者會混淆不宜；教科書為解決這個問題，通常用「每四位數字畫底線」來區隔。本題的評量目標就在瞭解學童對大數的掌握，能否從數或讀法辨識誰比誰大？

## 學童作答舉隅

**作答說明**

學童將兩數記錄於位值表上，由高位開始比較兩數的量，正確找出被觀看次數較多的音樂影片。

### 正確例一

「光年」音樂影片被觀看次數比較多

我把兩首歌的被觀看次數寫在位值表上再比較

|    | 億位 | 千萬位 | 百萬位 | 十萬位 | 萬位 | 千位 | 百位 | 十位 | 個位 |
|----|----|-----|-----|-----|----|----|----|----|----|
| 告白 | 2  | 0   | 0   | 0   | 5  | 0  | 0  | 0  | 0  |
| 光年 | 2  | 0   | 0   | 5   | 0  | 0  | 0  | 0  | 0  |

從位值大的數開始比較，在億位兩首歌都是2，一樣多
再比千萬位、百萬位，兩首歌都是0
再比十萬位，光年是5、告白是0
光年比告白多

### 正確例二

「光年」音樂影片被觀看次數比較多

我先將200500000每四位數畫上底線
就可以用一、萬、億來數
2 0050 0000 是二億零五十萬
二億零五萬和二億零五十萬都有二億
五萬＜五十萬

**作答說明**

學童將數分為一、萬、億不同單位來計數，並寫出數的讀法，再依序比較兩數，正確回答被觀看次數較多的音樂影片。

### 部分正確

「光年」音樂影片被觀看次數比較多

一個一個數字作比較，就可以知道

**作答說明**

學童雖然能正確回答被觀看次數較多的音樂影片，但未清楚說明比較兩數的方法。

### 回答錯誤一

2個音樂影片被觀看次數一樣多

2個音樂影片都有2、5和很多0數字一樣大

**作答說明**

學童無法將兩數以數的位值進行比較，以兩數都有2、5和很多0，認為兩數一樣大。

### 回答錯誤二

「告白」音樂影片被觀看次數比較多

200500000是二千零五萬

二千萬比二億少

**作答說明**

學童未運用一、萬、億的計數方法，將200500000誤讀為二千零五萬，而無法正確比較兩數。

memo

## 8 更換電腦的費用

達達科技公司要更換資訊部門的300臺電腦，一臺桌上型電腦售價30000元，資訊部經理在填寫預算表時，先在紙上計算如下：

$$30000 \times 300$$
$$= 10000 \times 3 \times 300$$
$$= 10000 \times 900$$

資訊部經理說：「更換電腦需要花9百萬元。」資訊部經理的算法和說法正不正確？你是如何判斷的？

| 資訊部經理的算法和說法正不正確？ | 我判斷的方法： |

### 教授的留言板

　　學童面對多個零的整數乘法，往往只習慣用直式算則來做，在直式算則中有太多的零，計算出錯的可能性就會很大。若學童能利用多個零的整數結構，有幾個萬、幾個億、……，例如：1350000＝135×10000＝135萬、2400000＝240×10000＝240萬，不論是在直式、橫式的乘法計算時，就可提高正確性。大數的結構有2個部分，先是4個數字一組的「一」家族、「萬」家族、「億」家族、……，再來是每個家族的「一、十、百、千」的規律出現，例如：1352468是「一百三十五萬」和「二千四百六十八」。本題就在瞭解學童多個零整數乘法的概念，他們能否判斷他人算式的正確性？

主題一：整數與概數

## 學童作答舉隅

### 正確例一

資訊部經理的算法和說法都正確

表示一臺電腦30000元，買300臺要花多少元要用乘法 30000×300

資訊部經理以1萬元來計算一臺電腦是3個10000元 10000×3×300

最後算要多少個1萬元
10000×900＝1萬×900＝900萬＝9百萬

**作答說明**

學童知道多個0的整數乘法計算的意義，以算式中各數值代表的意義及計算結果來說明。

### 正確例二

資訊部經理的算法和說法都正確

30000×300＝3萬×300＝900萬
10000×3×300＝1萬×3×300＝900萬
10000×900＝1萬×900＝900萬
算出來都是900萬，也是9百萬

**作答說明**

學童知道多個0的整數乘法計算的方法，並算出各乘法算式的積，以積相同來說明。

### 部分正確

資訊部經理的算法正確,但說法不正確

$30000 \times 300 = 10000 \times 3 \times 300 = 10000 \times 900 = 9000000$
$30000 \times 300 = 3 \times 10000 \times 3 \times 100 = 9 \times 10000 \times 100 = 9000000$
9000000元是900萬元

### 作答說明

學童知道多個0的整數乘法計算的方法,但不理解同一個數值可以用「百萬」為單位來表示,因此認為算式正確,但說法不正確。

### 回答錯誤一

資訊部經理的算法和說法都不正確

我學過的多個0的算法，應該是

30000 × 300 = 3 × 10000 × 3 × 100 = 9 × 10000 × 100 = 9000000

是9000000元不是9百萬元

**作答說明**

學童能知道多個0的乘法計算方法，但認為乘法算式中的0都要另外計算，並認為9000000不能以「9百萬」表示。

### 回答錯誤二

資訊部經理的算法和說法都不正確

資訊部經理沒有用直式計算，也沒寫出答案

```
      30000
  ×     300
      00000
     00000
    90000
    9000000
```

要花9000000元

**作答說明**

學童不清楚多個0的乘法計算方法，認為應該用直式計算出答案，因此覺得資訊部經理的算法和說法都不正確。

# 9 猜數字遊戲

小智和小天玩猜數字遊戲,小智在紙上寫下題目:

15.□□79

他對小天說:「這是一個四位小數,它的數字是1到9,而且數字不能重複,這個數用四捨五入法取到小數一位是15.3,你猜猜這個數是多少?」

這個數可能是多少?最少寫出2個答案,並說明你的作法。

| 這個數可能是多少？ | 我的作法： |
|---|---|
|  |  |

### 教授的留言板

　　學童學過整數的概數取法，現在學習小數的概數。若學童由整數擴充為小數後，能對「……、千位、百位、十位、個位、十分位、百分位、千分位、……」這些位名的位值清楚，使用無條件進入、無條件捨去、四捨五入法取概數的概念都是一樣的。很多學童對於這類問題的處理，都是沒有章法的解題，想到什麼可以就寫什麼；實際上這是一題培養系列性思考很不錯的題目，他們可以從進入、捨去的不同方向，以及數字的順序去解題。本題在評量學童是否能夠找到正確的小數概數？雖然題目只要求寫出2個，但是有系列性思考的學童很容易就能找到所有的答案。

## 學童作答舉隅

### 作答說明
學童知道以四捨五入對小數取概數的方法，以概數找出十分位可能的數，再依序找出所有可能的小數。

#### 正確例一

我可以找到所有可能的數，這個數可能是
15.3279、15.3479、15.2679、15.2879

四捨五入取概數是15.3
原本的數十分位可能是2或3
(1) 如果十分位是3，百分位可以是0、1、2、3、4
　　但數字是1到9且不能重複，百分位只能是2、4
　　原本的數是15.3279 或15.3479
(2) 如果十分位是2，百分位可以是5、6、7、8、9
　　但原數字已有5、7、9，百分位只能是6、8
　　原本的數是15.2679 或15.2879

### 正確例二

(A)這個數可能是15.3279、15.3479
　　因為取概數是15.3
　　十分位是3，四捨五入百分位可以是0、1、2、3、4
　　去除0和會重複的數，百分位是2或4
　　15.3279、15.3479

(B)這個數可能是15.2679、15.2879
　　要四捨五入
　　如果十分位是2，百分位可以是5、6、7、8、9
　　去掉重複的數，百分位只能是6、8
　　15.2679、15.2879

**作答說明**

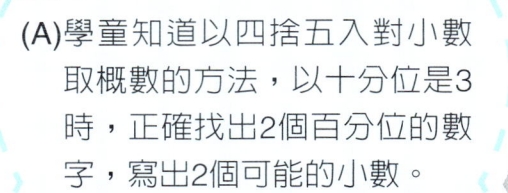

(A)學童知道以四捨五入對小數取概數的方法，以十分位是3時，正確找出2個百分位的數字，寫出2個可能的小數。

(B)學童知道以四捨五入對小數取概數的方法，以十分位是2時，正確找出2個百分位的數字，寫出2個可能的小數。

### 部分正確一

這個數可能是15.3279、15.3479

用四捨五入的方法可以找到

**作答說明**

學童雖然能正確寫出2個可能的小數，但未清楚說明如何運用四捨五入法找到可能的小數。

### 部分正確二

這個數可能是15.3079、15.3279

15.3不變，我只要找比5小的數

不能重複1、5、3

可以是15.3079、15.3279

**作答說明**

學童知道以四捨五入對小數取概數的方法，但忽略題目訊息「數字是1到9」，因此只寫出一個正確的答案。

### 回答錯誤一

這個數可能是15.3079、15.2979

我從15.3 找大一點的小數　15.3079
再找小一點的小數　15.2979

**作答說明**

學童以概數為基準，找出比15.3大的四位小數和比15.3小的四位小數，但忽略題目的訊息，因此回答錯誤。

### 回答錯誤二

這個數可能是15.30、15.31

概數是15.3 後面可以是0或1

**作答說明**

學童忽略題目訊息，以題目的概數再增加一個數字，並以二位小數回答。

## 10 定點投籃比賽

　　阿堯和小羽都想參加學校運動會舉辦的班際定點投籃比賽，2人在班上爭執不下，級任老師便請他們說說最近一次的練習情形，再決定由哪一個人代表班上參加比賽。

　　阿堯搶先說：「最近的這一次練習，我投進了40球，5球沒進。」

　　小羽接著說：「我投了55球，我的進球率是 $\frac{4}{5}$ 。」

　　依據阿堯和小羽的說法，應該派誰代表班級參加定點投籃比賽？以數學的想法說明你的理由。

應該派誰代表班級參加定點投籃比賽？

我的理由：

### 教授的留言板

　　學童對整數相除的學習，先學習可以整除到有餘數，再學習商是分數的表徵。分數概念也從部分整體關係、單位分數計數、分數倍的運算，提升至2個整數相除的商。當學童認識兩數相除的商是分數後，首先的概念應用，就會是比率問題，他們要從題目中判斷誰和誰相除，並能從題意中知道它的意義，例如：投中率、打擊率、出席率、……。有些學童未能瞭解比率的意義，受到例行性題目可以直接相除的影響，養成了機械式反應看到2個數字就除；這表示他們沒有真正瞭解比率的概念，以為只要兩數相除即可。本題的評量目標在於瞭解學童的比率概念，能否正確的決定派誰代表班級參加比賽？

## 學童作答舉隅

### 正確例一

應該派阿堯代表班級參加定點投籃比賽

2人的總投球數不一樣多
應該以進球率來比較
阿堯總球數 $40 + 5 = 45$

$40 \div 45 = \frac{8}{9}$

$\frac{8}{9} = \frac{40}{45}$　$\frac{4}{5} = \frac{36}{45}$　$\frac{40}{45} > \frac{36}{45}$

$\frac{8}{9} > \frac{4}{5}$

要選進球率高的

**作答說明**

學童知道比率的意義，認為總球數不同時，應比較2人的進球率，正確算出並比較進球率。

### 正確例二

應該派阿堯代表班級參加定點投籃比賽

2人投的總球數不同

$40 + 5 = 45$　　$40 \div 45 = \frac{8}{9}$

$1 - \frac{8}{9} = \frac{1}{9}$　　$1 - \frac{4}{5} = \frac{1}{5}$

$\frac{1}{9} < \frac{1}{5}$ 不進球率越低，
進球率越高

**作答說明**

學童知道所有部分量比率的總和＝1，算出並比較2人的不進球率，以不進球率越低，進球率越高來說明。

### 部分正確

應該派阿堯代表班級參加定點投籃比賽

2人投的總球數不同，應該比較2人的進球率
阿堯的進球率比較高

**作答說明**

學童認為總球數不同時，應比較2人的進球率，但未清楚說明如何比較2人的進球率。

### 回答錯誤一

應該派小羽代表班級參加定點投籃比賽

$55 \times \frac{4}{5} = 44$　$44 > 40$

小羽投進的球數比較多

**作答說明**

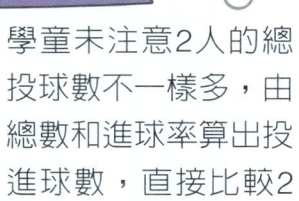

學童未注意2人的總投球數不一樣多，由總數和進球率算出投進球數，直接比較2人的進球數。

### 回答錯誤二

應該派小羽代表班級參加定點投籃比賽

$40 + 5 = 45$

$55 > 45$

$55 \times \frac{4}{5} = 44$　$44 > 40$

小羽的投球數和進球數都比較多

**作答說明**

學童無法運用比率來解決問題，只以總球數、進球數進行比較。

主題一：整數與概數

## 11 便利商店的牛奶

阿泰家附近的3家便利商店都舉辦牛奶優惠的活動，優惠如下表：

| 伊伊商店 | 泉泉商店 | 來來商店 |
|---|---|---|
| 牛奶一盒30%off | 牛奶第二盒打5折 | 牛奶買二盒送一盒 |

阿泰心想：「3家便利商店原本的牛奶售價都一樣，現在有優惠活動，我要購買同樣品牌、同樣容量的牛奶6盒，這3家店哪一家要付的錢最少？」

阿泰應該選哪一家便利商店？說明你的作法或想法。

> 阿泰應該選擇哪一家便利商店？

> 我的作法或想法：

### 教授的留言板

　　學童學習比率概念後，接著會先認識百分率，再認識打折等問題；這些問題是比率的延伸或應用，尤其百分率是為了解決不同比率之間的比較，將這些比率都換算成以100等分為基礎的百分率來比。百分率的學習會從分母是整百的比率約分開始，接著是將分母可擴分為100的比率，最後才是任何比率都換算成百分率來比較；百分率還有一重要概念，就是所有子集合的百分率加起來是1，例如：一盒餅乾20片，巧克力口味有12片占60%、草莓口味有8片占40%。打折問題是比率或百分率的應用，生活上常常會碰到不同的打折表徵，例如：打8折、20％off、買4送1、……，這些都是相同的比率，學童當然也可用百分率來驗證。本題是想評量學童對生活中打折語意的掌握，能否用比率或百分率的相關概念來解題？

主題一：整數與概數

## 學童作答舉隅

### 正確例一

阿泰應該選擇來來商店
(1) 伊伊商店
　　30%off 是價格減少30%
　　1－0.3＝0.7　　原本價格的0.7
(2) 泉泉商店
　　第二件5折，第一件不打折
　　(1＋0.5)÷2＝0.75　原本價格的0.75
(3) 來來商店
　　買二送一，買3盒只要付2盒的錢
　　2÷3≈0.666　　原本價格的0.666
　　0.666＜0.7＜0.75
　　來來商店要付的錢最少

**作答說明**

學童理解生活中的折扣意義，算出3家的優惠比率，並比較優惠比率來說明。

### 正確例二

阿泰應該選擇來來商店

假設一盒牛奶30元
(1) 伊伊商店
　　30%off 是價格減少30%
　　30×0.7×6＝126
(2) 泉泉商店
　　第二件5折，第一件不打折
　　(1＋0.5)÷2＝0.75
　　30×0.75×6＝135
(3) 來來商店
　　買二送一，買3盒只要付2盒的錢
　　6÷3×2＝4
　　30×4＝120
　　30元6盒　135＞126＞120　120元最少

**作答說明**

學童理解生活中的折扣意義，假設牛奶的單價並算出同樣盒數各家便利商店要付的錢，選擇付錢最少的便利商店。

### 部分正確

阿泰應該選擇伊伊商店

(1) 伊伊商店
　　30%off 是價格減少30%
　　1－0.3＝0.7　　原本價格的0.7
(2) 泉泉商店
　　第二件5折，第一件不打折
　　(1＋0.5)÷2＝0.75　原本價格的0.75
　　0.7＞0.75

### 作答說明

學童知道「30%off」和「第二件5折」的意義，正確比較兩家便利商店的優惠，但未比較來來商店的優惠，因此回答錯誤。

### 回答錯誤一

阿泰應該選擇泉泉商店
30%off是打7折
打5折比打7折便宜
買兩盒送一盒
買6盒還是要付6盒的錢,只是會多送2盒
所以要選打5折的商店

**作答說明**

學童知道「%off」和「折」的關係,將「%off」轉換為「折」,但認為第二件打5折是「5折」,不理解生活中的打折意義而選擇錯誤。

### 回答錯誤二

阿泰應該選擇伊伊商店
30%off是只要付價格的0.3,也是打3折
3折比5折便宜　5折比買二送一便宜

**作答說明**

學童不理解「%off」的意義,也不清楚生活中常見的折扣,因此回答錯誤。

memo

## 主題二

# 分數與小數

# 12 不同口味的水果酥

宜靜買了一盒24個裝的水果酥，其中 $\frac{1}{4}$ 盒是哈密瓜口味、$\frac{5}{12}$ 盒是草莓口味、$\frac{1}{3}$ 盒是鳳梨口味，他吃掉了3個水果酥後，鳳梨口味的水果酥和草莓口味的水果酥一樣多。

宜靜吃了哪些水果酥？你是如何知道的？寫出你的想法或作法。

| 宜靜吃了哪些水果酥？ | 我的想法或作法： |
|---|---|
|  |  |

### 教授的留言板

　　學童學習異分母分數的相關問題，除了通分為同分母分數求解外，還可用內容物的數量來求解。當單位分數內容物是多個個物，很多學童有迷思概念，直接以分母、分子的數字來找內容物而產生錯誤。若學童對離散量的分數概念不正確，例如：一包巧克力有12顆，$\frac{5}{6}$包有幾顆巧克力？他們會認為是5顆，不確知$\frac{5}{6}$包是將一包的內容物平分成6份，$\frac{5}{6}$包有5等分。若不正確的觀念未能補強，對現在或爾後的很多相關學習是障礙重重。學童現階段還需有等值分數、擴約分等概念，還有些人常常會將擴分、分數乘以整數兩者弄混。本題就在評量他們是否具有這些觀念，正確解決生活中的問題？

主題一：分數與小數

## 學童作答舉隅

### 正確例一

宜靜吃了2個草莓口味、1個哈密瓜口味的水果酥

1盒24個，我用擴分的方法讓分母變成24，就可以知道各種口味的個數

$\frac{1}{4}=\frac{6}{24}$　$\frac{5}{12}=\frac{10}{24}$　$\frac{1}{3}=\frac{8}{24}$

哈蜜瓜有6個、草莓有10個、鳳梨有8個
10－2＝8 水果酥吃2個草莓口味，
鳳梨口味和草莓口味會一樣多
第3個不能吃草莓口味，也不能吃鳳梨口味
這樣會讓兩個口味的水果酥不一樣多
只能吃哈密瓜口味

### 作答說明

學童知道擴分的意義，運用擴分的方法找到不同口味水果酥的個數，並用不同個數之間的差，找出正確的答案。

## 正確例二

宜靜吃了2個草莓口味、1個哈密瓜口味的水果酥

我先畫出1盒24個，把一盒分成4份
其中的一份就是 $\frac{1}{4}$ 盒，有6個
一盒分成3份，其中的一份就是 $\frac{1}{3}$ 盒，有8個
一盒分成12份，其中的5份就是 $\frac{5}{12}$ 盒，有10個

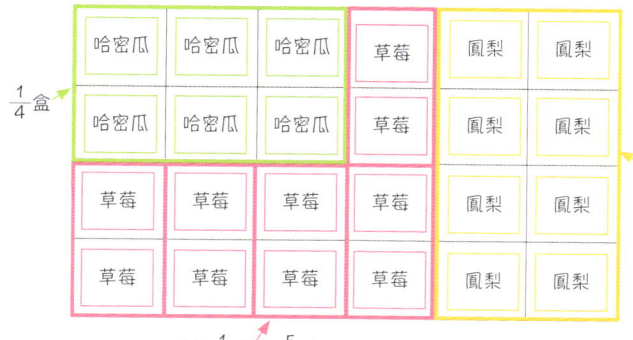

| $\frac{1}{4}$ 盒 | | | | | |
|---|---|---|---|---|---|
| 哈密瓜 | 哈密瓜 | 哈密瓜 | 草莓 | 鳳梨 | 鳳梨 |
| 哈密瓜 | 哈密瓜 | 哈密瓜 | 草莓 | 鳳梨 | 鳳梨 |
| 草莓 | 草莓 | 草莓 | 草莓 | 鳳梨 | 鳳梨 |
| 草莓 | 草莓 | 草莓 | 草莓 | 鳳梨 | 鳳梨 |

$\frac{1}{3}$ 盒

5個 $\frac{1}{12}$ 盒是 $\frac{5}{12}$ 盒

8個比10個少2個，要吃掉2個草莓口味，
鳳梨口味和草莓口味才會一樣多
另外一個要吃哈密瓜口味

### 作答說明

學童用畫圖切割的方法，找出分數對應的內容物個數，並用不同個數之間的差，找出正確的答案。

### 部分正確

宜靜吃了2個草莓口味的水果酥
因為吃掉2個後，草莓口味和鳳梨口味會一樣多
1盒24個，我用擴分的方法找出草莓口味和鳳梨口味的數量
$\frac{5}{12}=\frac{10}{24}$　$\frac{1}{3}=\frac{8}{24}$
原本草莓有10個、鳳梨有8個
要讓鳳梨口味和草莓口味一樣多
$10-8=2$

### 作答說明

學童知道擴分的意義，運用擴分的方法找出2種口味水果酥的個數，但只比較2種口味水果酥的個數差異，未完整回答問題。

### 回答錯誤一

宜靜吃了2個哈密瓜口味、1個鳳梨口味的水果酥

$\frac{1}{4} = \frac{3}{12}$　　$\frac{1}{3} = \frac{4}{12}$　　$\frac{5}{12}$

5 − 4 = 1
5 − 3 = 2

**作答說明**

學童不理解擴分的意義，只是運用擴分的方法讓3個分數的分母相同，再以分子之間的差，回答錯誤的答案。

### 回答錯誤二

宜靜3種口味的水果酥都吃了1個

3個是 $\frac{3}{24}$ 盒

有3種口味各吃1個，合起來是 $\frac{3}{24}$ 盒

**作答說明**

學童知道個和盒之間的關係，但以湊數的方法，認為3種水果酥正好對應3個口味。

## 13 剩下的提拉米蘇

　　小蔚和小雀在蛋糕店各買了一個一樣大的提拉米蘇蛋糕，他們各自回家後將提拉米蘇蛋糕等分成數塊，和家人一起分享後，還剩下幾塊（如下圖，著色部分）。

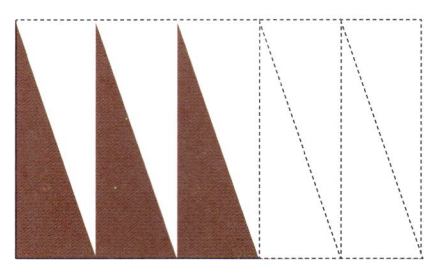

小蔚買的提拉米蘇蛋糕 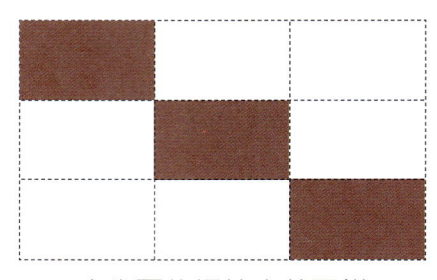　　　小雀買的提拉米蘇蛋糕

　　哪一個提拉米蘇蛋糕剩下比較多？寫下你的作法或想法。

| 哪一個提拉米蘇蛋糕剩下比較多？ | 我的作法或想法： |

### 教授的留言板

　　學童學習等值分數後，就會學習擴、約分，以及通分的概念和解題；他們用擴、約分處理等值分數做異分母分數比較，用通分將異分母分數變成同分母再做加、減計算。蛋糕的表徵是連續量，學童確定單位量1都是一樣大，並能找到平分後剩下幾等分的分數，進行2個分數的比較；這是本題的核心概念，也是主要的評量目標。學童沒有明確的分數概念，對通分成等值分數，或對分數的內容物不確知，他們是無法正確的解題。他們可以從分數本身的意義、等值分數比較，進行多元解題。

## 學童作答舉隅

**正確例一**

小雀買的提拉米蘇蛋糕剩下比較多

2個提拉米蘇蛋糕一樣大

小蔚是等分成10塊，剩下其中3塊，剩下 $\frac{3}{10}$ 個

小雀是等分成9塊，剩下其中3塊，剩下 $\frac{3}{9}$ 個，也是 $\frac{1}{3}$ 個

我用通分的方法比較2個分數

$\frac{3}{10} = \frac{9}{30}$　　$\frac{1}{3} = \frac{10}{30}$　　$\frac{9}{30} < \frac{10}{30}$　　$\frac{3}{10} < \frac{1}{3}$

**作答說明**

學童知道通分的意義，運用通分的方法比較2個分數大小，正確回答問題。

### 正確例二

小雀買的提拉米蘇蛋糕剩下比較多

2個提拉米蘇蛋糕一樣大

小蔚是等分成10塊，剩下其中3塊，剩下 $\frac{3}{10}$ 個

小雀是等分成9塊，剩下其中3塊，剩下 $\frac{3}{9}$ 個

分子一樣，可以比較分母，分母越大，分數表示的量越小

都剩下3塊，但一樣大的蛋糕分成的塊數越多，每一塊的量越小

$\frac{1}{10} < \frac{1}{9}$ ，所以 $\frac{3}{10} < \frac{3}{9}$

**作答說明**

學童知道塊與個之間的關係，並說明分子相同時，分母越大，分數的值越小，正確回答問題。

### 部分正確

小雀買的提拉米蘇蛋糕剩下比較多

我用2個分數進行大小比較

**作答說明**

學童能正確回答問題，但未清楚說明比較2個分數的方法。

### 回答錯誤一

小蔚買的提拉米蘇蛋糕剩下比較多

一個剩下 $\frac{3}{10}$ 個　　一個剩下 $\frac{3}{9}$ 個

分子相同，比分母 $\frac{3}{10} > \frac{3}{9}$

**作答說明**

學童能用分數表示剩下的量，但誤認為分子相同時，分母越大分數的值越大。

### 回答錯誤二

2個提拉米蘇蛋糕剩的一樣多

都是剩下3塊

**作答說明**

學童未注意2個蛋糕等分的份數不同，認為剩下的塊數一樣多，剩下的一樣多。

### 回答錯誤三

(A) 小蔚買的提拉米蘇蛋糕剩下比較多
看起來，3個三角形合起來會比3個長方形合起來多

(B) 小雀買的提拉米蘇蛋糕剩下比較多
都是3塊，看起來三角形面積會比長方形面積小

### 作答說明

學童將題目圖示中的三角形和長方形分別拼湊，並以直觀拼湊的結果來說明。

主題二：分數與小數

## 14 吃掉的鮮奶泡芙

　　點心鋪老闆將鮮奶泡芙10個裝一袋，小卓和小曲各買一袋鮮奶泡芙。小卓吃了 $\frac{3}{5}$ 袋、小曲吃了 $\frac{1}{2}$ 袋，小卓計算2人共吃了幾袋，他寫算式是「$\frac{3}{5} + \frac{1}{2} = \frac{4}{7}$」。

　　小卓寫的算式正確嗎？你是如何判斷的？

小卓寫的算式正確嗎？

我判斷的方法：

### 教授的留言板

　　學童面對異分母分數的加減，要能用通分找到最小公分母，以此公分母當作共測單位，也以此作為計算的單位量。分數的概念需從部分－全體，提升到以單位分數累數認識真分數，再到以有幾個單位量（幾分之一）來認識分數；這時候學童只要以有幾個單位量來合計或找差量，就是正確的異分母分數加減計算。若學童用內容物來解題亦可，但需知道整體量1有幾個內容物，並能將低階單位換成高階單位；他們能同時會用分數算式，進行異分母分數的加減，才是解題思維靈活的表現。本題就在評量學童能在離散量情境，進行異分母分數加法，並判斷算式是否正確？

主題二：分數與小數

## 學童作答舉隅

### 正確例一

小卓寫的算式不正確

分數加法不能分母加分母
2個分數的分母不同，分子不能直接相加，要先通分
$\frac{3}{5} + \frac{1}{2} = \frac{6}{10} + \frac{5}{10} = \frac{11}{10}$

**作答說明**

學童知道異分母分數加法的意義，並以通分的方法進行異分母加法來說明。

### 正確例二

小卓寫的算式不正確

2個分數的分母不能相加
分母不同時，要先通分讓分母相同再計算
$\frac{3}{5} > \frac{1}{2}$　$\frac{3}{5} + \frac{1}{2} > 1$　$\frac{3}{5} + \frac{1}{2}$ 不可能是 $\frac{4}{7}$

**作答說明**

學童知道異分母分數加法的意義，並以兩個分數的和會大於1來說明算式不正確。

### 部分正確

小卓寫的算式不正確

$\frac{3}{5}$ 袋 = 6 個　　$\frac{1}{2}$ 袋 = 5 個

6 + 5 = 11　　11 個

**作答說明**

學童知道個和袋的關係，將分數袋轉為個數，進行整數計算，但未說明分數加法算式的錯誤。

---

### 回答錯誤一

小卓寫的算式正確

分數加法是分子加分子

**作答說明**

學童不清楚異分母分數加法的計算方法，認為分數加法是分子加分子，忽略兩分數的分母不相同。

---

### 回答錯誤二

小卓寫的算式不正確

分母要相同

$\frac{3}{5} + \frac{1}{2} = \frac{3}{10} + \frac{1}{10} = \frac{4}{10}$

**作答說明**

學童雖然知道進行分數加法必須分母相同，但不清楚通分的方法，因此計算錯誤。

## 15 點心鋪的鮮蝦燒賣

點心鋪賣的鮮蝦燒賣一盒裝8個，華華買了3盒。他拿出3盒鮮蝦燒賣的 $\frac{1}{4}$ 放入電鍋蒸熟，準備當下午的點心，華華說：「$8 \times \frac{1}{4} = 2$，電鍋裡的燒賣應該超過1盒。」

華華的說法正確嗎？寫出或畫出你的想法或作法。

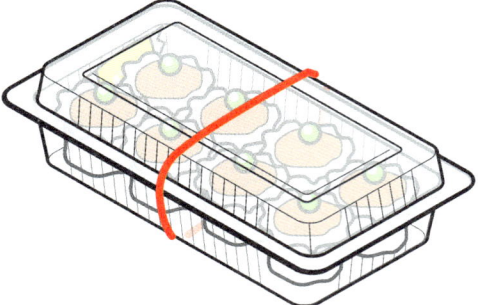

華華的說法正確嗎？

我的想法或作法：

### 教授的留言板

　　學童對整數乘以分數的概念，會從單位分數倍開始，它是將被除數的數量先平分成幾份，再取其中的一份。他們爾後學習分數倍時，觀念是一樣的，只是將被除數的數量先平分成幾份，再取其中需要的份數。學童面對整數乘以分數倍問題時，可以從高階單位的分數倍直接入手，也可從低階單位內容物來求解；他們能從內容物的數量轉換成高階單位的數量，就可確認分數倍概念的計算結果。學童需能掌握高階單位和低階單位間的關係，才能做2個單位間的轉換；本題就在評量學童是否理解整數乘以單位分數的概念？並能用此概念解決生活中的問題。

## 學童作答舉隅

### 正確例一

華華說的不正確

雖然 $8 \times \frac{1}{4} = \frac{8}{4} = 2$ 的算式正確

8是8個，2是2個，不是2盒

$3 \times \frac{1}{4} = \frac{3}{4}$

$\frac{3}{4} < 1$　不到1盒

**作答說明**

學童知道整數乘以單位分數的意義，說明個和盒的單位不同，並用分數乘法算出正確的答案。

### 正確例二

華華說的不正確

3盒的 $\frac{1}{4}$ 是每一盒都拿出 $\frac{1}{4}$，1盒的 $\frac{1}{4}$ 是2個

1盒的 $\frac{1}{4}$

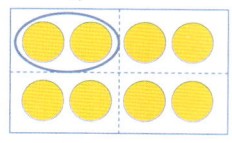

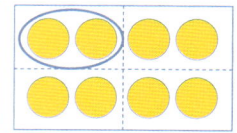

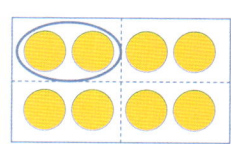

$2 \times 3 = 6$

6個是 $\frac{6}{8}$ 盒

**作答說明**

學童知道「3盒的 $\frac{1}{4}$」的意義，畫圖表示盒與個之間的關係，並將個數轉換為盒數來說明。

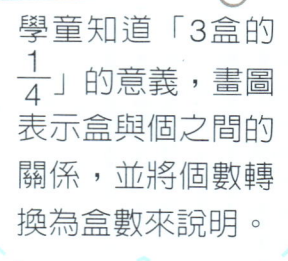

### 部分正確

華華說的不正確

不能用 $8 \times \frac{1}{4} = 2$，電鍋裡的燒賣應該不到1盒

**作答說明**

學童雖然正確回答問題，但未清楚說明算式的問題及判斷答案的方法。

### 回答錯誤一

華華說的正確

$8 \times \frac{1}{4} = 2$　$2 > 1$

算式正確，超過1盒

**作答說明**

學童雖然知道整數乘以單位分數的方法，卻忽略盒和個的單位不同。

### 回答錯誤二

華華寫的算式不正確

$8 \times 3 = 24$　$24 \times \frac{1}{4} = 6$

**作答說明**

學童雖然知道整數乘以單位分數的方法，但未注意題目是以「盒」為單位的提問，只以個為單位進行計算。

主題二：分數與小數

## 16 飲料店的牛奶冰沙

飲料店的員工將冰箱裡一桶8公升牛奶平分成6壺，準備做牛奶冰沙，1壺牛奶是多少公升？畫圖表示平分的方法，並說明平分的方法及答案。

畫圖表示平分的方法：

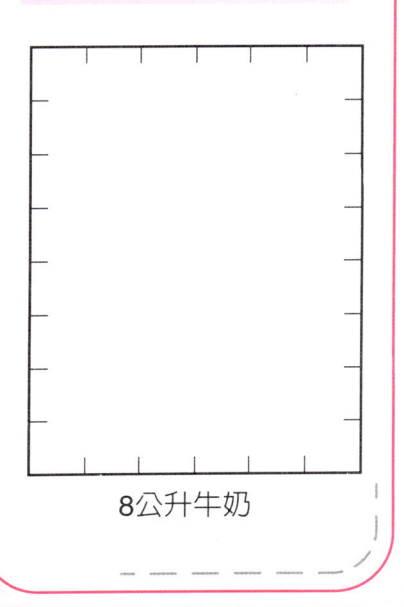

8公升牛奶

我的方法及答案：

### 教授的留言板

　　學童的分數概念發展，從部分─全體量認識單位分數、真分數開始，接著是從單位分數的累數認識真分數、假分數、帶分數，再來是將分數當運算子來處理分數倍問題，現在要從整數除以整數的商來認識分數。學童習慣的整數除法問題都是被除數大於除數，商是整數或有餘；現在會先碰到被除數小於除數的問題，商是分數；當整數除法問題的被除數大於除數，不能整除且一定要分完時，商也會是分數。生活中的情境，很容易引發學童用整數除法來解決問題，但他們往往只會列式求解，不太理解其背後的概念；本題就在評量學童對這類問題的理解程度，並能將解題概念用畫圖表徵。

## 學童作答舉隅

**正確例一**

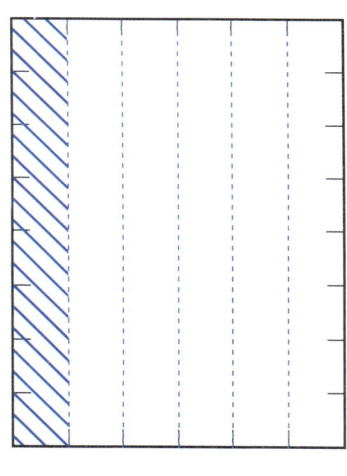

1桶平分成6份，其中的1份就是1壺

$1 \div 6 = \frac{1}{6}$　每一份是 $\frac{1}{6}$ 桶，

1壺是 $\frac{1}{6}$ 桶

1桶是8公升，8公升平分成6份

$8 \div 6 = \frac{8}{6}$　每一份是 $\frac{8}{6}$ 公升，

1壺是 $\frac{8}{6}$ 公升

$\frac{1}{6}$ 桶，$\frac{8}{6}$ 公升

**作答說明**

學童知道整數除以整數商為分數的意涵，知道桶、公升與壺的關係，正確畫出平分的方法，並以除法算出1壺是 $\frac{8}{6}$ 公升。

### 正確例二

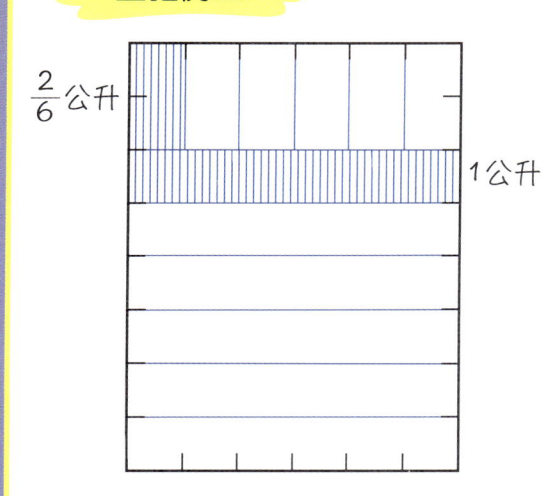

$\frac{2}{6}$ 公升

1公升

8公升平分成6壺
每壺先分1公升
6壺是6個1公升，是6公升
8－6＝2 剩下2公升
2公升再分成6份
$2 \div 6 = \frac{2}{6}$ 每壺分 $\frac{2}{6}$ 公升
$1 + \frac{2}{6} = 1\frac{2}{6}$ 1壺是 $1\frac{2}{6}$ 公升

**作答說明**

學童知道整數除以整數商為分數的意涵，以平分的想法，每壺先分1公升，剩下的2公升再平分成6份，正確畫出平分的方法，並算出1壺是 $1\frac{2}{6}$ 公升。

### 部分正確

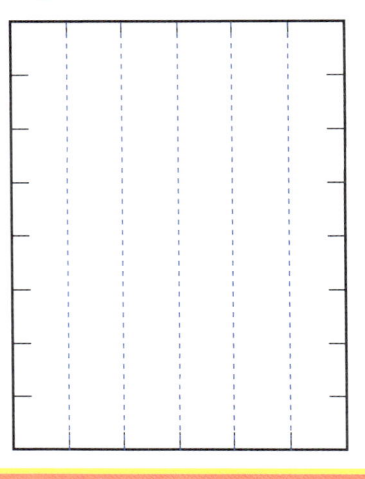

分成6壺就是將一桶平分成6份

可以用除法計算

$8 \div 6 = \dfrac{8}{6}$

一壺是 $\dfrac{8}{6}$ 公升

**作答說明**

學童知道整數除以整數商為分數的意涵，且正確計算，但只將一桶平分成6份，未畫出一壺的量。

### 回答錯誤一

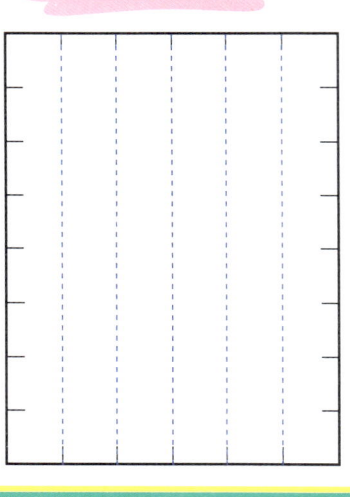

分成6份，其中的一份是 $\dfrac{1}{6}$

$1 \div 6 = \dfrac{1}{6}$

1壺是 $\dfrac{1}{6}$ 公升

**作答說明**

學童將一桶分為6份未畫出其中一份的量，且忽略「桶」與「公升」的單位不同，算出錯誤的答案。

### 回答錯誤二

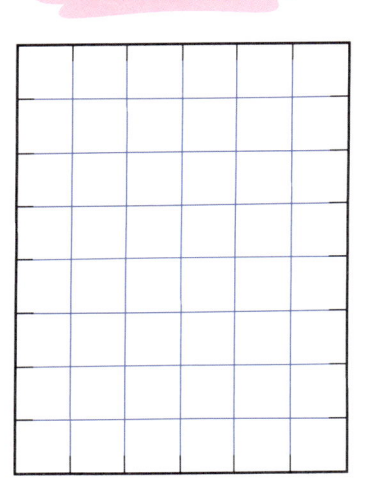

我先畫橫線分8份
再畫縱線分6份
$8 \times \dfrac{1}{6} = \dfrac{8}{48}$

**作答說明**

學童不理解平分的意義,只是將圖分割,並以分數乘法計算,且計算錯誤。

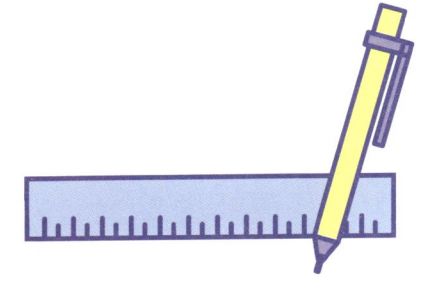

## 17 檸檬水裡的蜂蜜

小穎買了3罐蜂蜜，用掉一些後剩下 $1\frac{3}{5}$ 罐，他將剩下蜂蜜的 $\frac{2}{5}$ 加入檸檬水中，小穎的媽媽覺得加了蜂蜜的檸檬水太甜，他問小穎加了多少蜂蜜，小穎寫下算式並計算：

$$1\frac{3}{5} \times \frac{2}{5} = \frac{\cancel{8}^4}{5} \times \frac{\cancel{2}^1}{5} = \frac{4}{5}$$

小穎對媽媽說：「我加了 $\frac{4}{5}$ 罐蜂蜜。」
小穎的計算正確嗎？說明你的想法。

**小穎的計算正確嗎？**

**我的想法：**

### 教授的留言板

　　學童從分數乘以整數、整數乘以分數，到現在學習分數乘以分數。他們在學習整數乘以分數的基礎下，認識「分數倍」的語意，例如：從一包6公斤的糖，認識「$\frac{1}{3}$包」是「一包的$\frac{1}{3}$倍」，也是「一包的$\frac{1}{3}$」，都是2公斤。學童可先從情境中，發現「乘以幾分之一」和「除以幾」的意義一樣；再由整數乘以幾分之一的經驗，進入整數的分數倍就會順很多。學童學習分數的分數倍時，仍須從操作或圖示入手，再記成算式，例如：拿$\frac{1}{2}$張紙的$\frac{3}{4}$做卡片，卡片用了幾張紙？它是一張紙先2等分再4等分，共有8小等分中的3小等分，所以$\frac{1}{2} \times \frac{3}{4} = \frac{3}{8}$。親師可將多個情境的解題結果一一列出，讓學童觀察並形成分數乘以分數的運算規則，尤其是在2個分數的乘法算式中，分母和分母、分子和分子相乘的意義，這可建立他們分數乘以分數的概念，並提高解題的正確率。

主題一：分數與小數

## 學童作答舉隅

### 正確例一

小穎的計算不正確

分數乘法要分子×分子、分母×分母
分子和分母可以約分，分子和分子不能約分
小穎的計算有2個錯誤
分子的8和2不能約分
分母的5要相乘，分母不是5而是25
計算結果應該是 $\frac{16}{25}$

**作答說明**

學童理解分數乘以分數的意義，以分數乘以分數算式中的錯誤及正確的積來說明。

### 正確例二

小穎的計算不正確

$1\frac{3}{5} \times \frac{2}{5} = \frac{8}{5} \times \frac{2}{5} = \frac{16}{25}$

是 $\frac{16}{25}$ 不是 $\frac{4}{5}$

**作答說明**

學童知道分數乘以分數的計算方法，以分數乘以分數的積不同來說明。

### 部分正確

小穎的計算不正確

分數乘法要分子 × 分子、分母 × 分母
分子可以和分母約分，分子和分子不能約分

**作答說明**

學童知道分數乘以分數的意義，但未清楚以小穎算式來說明。

### 回答錯誤一

小穎的計算正確

分數乘法可以約分，2個分數的分母相同，不用通分
我算過一遍和小穎一樣

**作答說明**

學童不清楚分數乘以分數的意義，並與分數加法混淆，以計算的答案相同來說明。

### 回答錯誤二

小穎的計算不正確

用掉 $\frac{2}{5}$，要用減法

$1\frac{3}{5} - \frac{2}{5} = 1\frac{1}{5}$

**作答說明**

學童不理解題目的意義，也未注意 $1\frac{3}{5}$ 和 $\frac{2}{5}$ 的單位不同，認為要用減法才正確。

## 18 分數大小比一比

儒儒寫數學練習題時,覺得其中有一個題目很難計算,題目如下:

> 下列3個分數乘法中,哪一個的積最大?哪一個的積最小?
>
> $2\dfrac{5}{12}\times\dfrac{6}{5}$　　$2\dfrac{5}{12}\times\dfrac{9}{10}$　　$1\dfrac{1}{10}\times2\dfrac{5}{12}$

姐姐對儒儒說:「這個題目,我可以不用計算就知道答案。」

你可以不計算就知道3個分數乘法算式中,哪一個的積最大?哪一個的積最小?說明你的判斷方法。

**3個分數乘法算式中，哪一個的積最大？哪一個的積最小？**

我判斷的方法：

### 教授的留言板

　　學童學習分數乘以分數的計算，除了在有概念下能正確求解外，他們還要有數感來掌握這些乘法算式。學童學習整數乘法，會發現積數變大，就產生了「越乘越大」的迷思概念，但是碰到乘數是分數或小數，就應列出被乘數不改變、乘數會改變的一些算式，讓學童觀察這些乘數和積的關係。通常，學童會發現乘數大於、等於、小於1的積是變大、不變、變小；他們還可進一步對小於1的乘數比較誰大誰小，並確認這些積的大小關係。學童有了這些概念，就會增加他們的數感能力，對一些分數乘法算式中被乘數、乘數有相關者，不需計算就能判斷哪個算式較大。本題就在瞭解學童對分數乘法的概念掌握，他們是用什麼方法來判斷本題的問題？

## 學童作答舉隅

**作答說明**

學童理解乘法交換律,並以被乘數相同時,可以用乘數判斷並比較分數乘法的積來說明。

### 正確例一

$2\frac{5}{12} \times \frac{6}{5}$ 的積最大,$2\frac{5}{12} \times \frac{9}{10}$ 的積最小

$1\frac{1}{10} \times 2\frac{5}{12}$ 的積和 $2\frac{5}{12} \times 1\frac{1}{10}$ 的積一樣大

$2\frac{5}{12} \times \frac{6}{5}$　$2\frac{5}{12} \times \frac{9}{10}$　$2\frac{5}{12} \times 1\frac{1}{10}$

3個乘法的被乘數一樣,只要比較乘數的大小

$\frac{6}{5}$、$\frac{9}{10}$、$1\frac{1}{10}$　3個分數中,$\frac{9}{10}$ 最小

$\frac{6}{5} = 1\frac{1}{5}$　$1\frac{1}{5} > 1\frac{1}{10}$　$2\frac{5}{12} \times \frac{6}{5} > 1\frac{1}{10} \times 2\frac{5}{12} > 2\frac{5}{12} \times \frac{9}{10}$

### 正確例二

$2\frac{5}{12} \times \frac{6}{5}$ 的積最大，$2\frac{5}{12} \times \frac{9}{10}$ 的積最小

$2\frac{5}{12} \times \frac{6}{5} = \frac{29}{12} \times \frac{6}{5} = \frac{29}{10} = 2\frac{9}{10}$

$2\frac{5}{12} \times \frac{9}{10} = \frac{29}{12} \times \frac{9}{10} = \frac{87}{40} = 2\frac{7}{40}$

$1\frac{1}{10} \times 2\frac{5}{12} = \frac{11}{10} \times \frac{29}{12} = \frac{319}{120} = 2\frac{79}{120}$

$2\frac{9}{10} > 2\frac{79}{120} > 2\frac{7}{40}$

### 作答說明

學童知道分數乘以分數的計算方法，算出3個乘法算式的積，正確比較積的大小。

### 部分正確

$2\frac{5}{12} \times \frac{6}{5}$ 的積最大，$2\frac{5}{12} \times \frac{9}{10}$ 的積最小

被乘數一樣大時，乘數越大、積越大

**作答說明**

學童知道被乘數、乘數、積之間的關係，但未以3個乘法算式清楚說明如何比較。

### 回答錯誤一

$2\frac{5}{12}$ 最大，$\frac{9}{10}$ 最小

只要比乘數的大小

$2\frac{5}{12} > \frac{6}{5} > \frac{9}{10}$

**作答說明**

學童未確認3個分數乘法的被乘數是否一樣大，認為只要比較乘數的大小，且以乘數的大小回答。

**作答說明**

學童不理解分數乘法的意義，算出錯誤的積及錯誤的分數大小比較，並以其算出的積回答。

### 回答錯誤二

$3\frac{1}{24}$ 最大，$2\frac{1}{2}$ 最小

$2\frac{\overset{1}{\cancel{5}}}{\underset{4}{\cancel{12}}} \times \frac{\overset{3}{\cancel{9}}}{\underset{2}{\cancel{10}}} = 2\frac{3}{8}$   $2\frac{\overset{1}{\cancel{5}}}{\underset{2}{\cancel{12}}} \times \frac{\overset{1}{\cancel{6}}}{\underset{1}{\cancel{5}}} = 2\frac{1}{2}$   $1\frac{1}{\underset{2}{\cancel{10}}} \times 2\frac{\overset{1}{\cancel{5}}}{12} = 3\frac{1}{24}$

$3\frac{1}{24} > 2\frac{3}{8} > 2\frac{1}{2}$

主題二：分數與小數

# 19 分到幾盒巧克力奶酥

　　小妤買了一盒40個裝的巧克力奶酥（如下圖），他想把其中的 $\frac{3}{5}$ 盒平均分送給4位朋友，小妤的朋友每個人可分到幾盒巧克力奶酥？

　　畫出 $\frac{3}{5}$ 盒巧克力奶酥及分的方法和結果，並寫出你的作法。

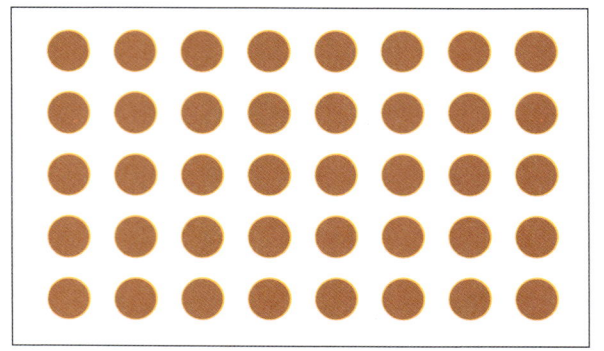

畫出 $\frac{3}{5}$ 盒巧克力奶酥及分的方法和結果：

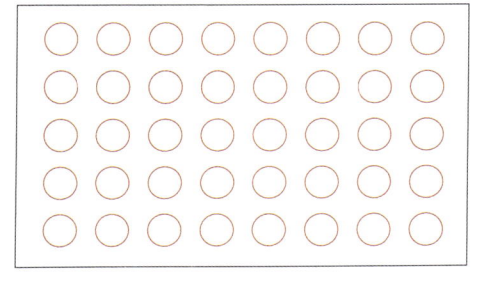

我的作法：

## 教授的留言板

　　學童學習分數的除法，都是從分數除以整數開始。親師應以圖示的實際操作，讓他們先在圖示上找出要被分的量，再從這個量來等分，最後將解題過程和結果寫成算式。學童除了從高階單位，例如：一包、一箱、……，直接操作解題外；還可從低階單位，就是內容物來處理，再把分得的內容物用高階單位來表示，但不一定要用最簡分數呈現。學童從這2種不同路徑來解題，親師還是要協助瞭解2種解法的不同概念，再指導他們將題目的題意用算式記下來，並能用有把握的作法找到答案。學童初學分數除以整數，可以先利用圖示來解題，再和分數乘以單位分數做聯絡；引導他們認識「分數除以幾」和「分數乘以幾分之一」是相關的概念。

## 學童作答舉隅

### 正確例一

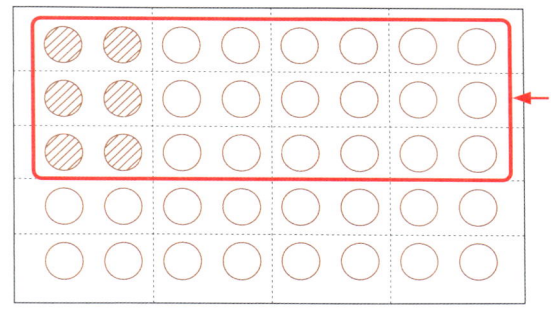

$\frac{3}{5}$ 盒

1盒平分成5份，其中的3份就是 $\frac{3}{5}$ 盒

$\frac{3}{5}$ 盒平分成4份

$\frac{3}{5} \div 4 = \frac{3}{20}$

每人分到 $\frac{3}{20}$ 盒

**作答說明**

學童知道分數除以整數商為分數的意義，以1盒平分成5份畫出 $\frac{3}{5}$ 盒，再用除法算出分的結果，並正確畫出分的方法及每人分的數量。

## 正確例二

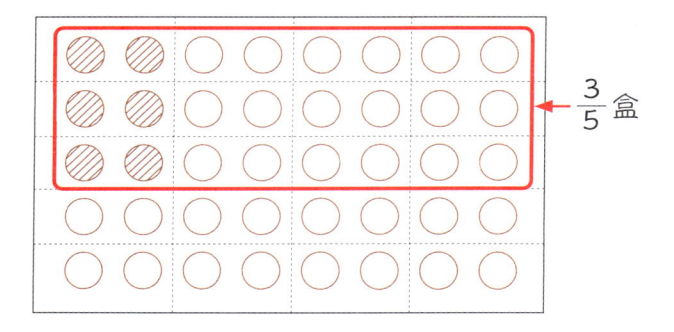

→ $\frac{3}{5}$ 盒

1盒有40個

$40 \times \frac{3}{5} = 24$　$\frac{3}{5}$ 盒有24個

$24 \div 4 = 6$　$6個 = \frac{6}{40}$ 盒

### 作答說明

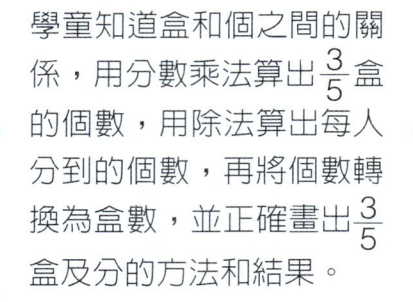

學童知道盒和個之間的關係，用分數乘法算出 $\frac{3}{5}$ 盒的個數，用除法算出每人分到的個數，再將個數轉換為盒數，並正確畫出 $\frac{3}{5}$ 盒及分的方法和結果。

## 部分正確

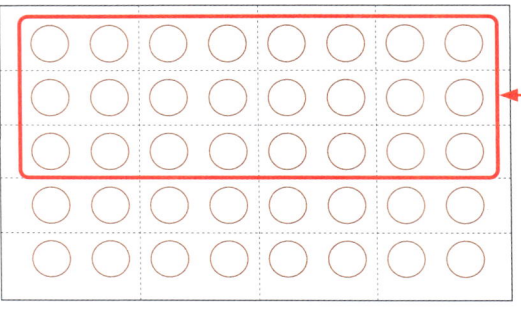

$\dfrac{3}{5} \div 4 = \dfrac{3}{20}$　每人分到 $\dfrac{3}{20}$ 盒

→ $\dfrac{3}{5}$ 盒

### 作答說明

學童知道分數除以整數商為分數的意義及計算方法，但只畫出 $\dfrac{3}{5}$ 盒，未畫出分的方法及結果。

## 回答錯誤一

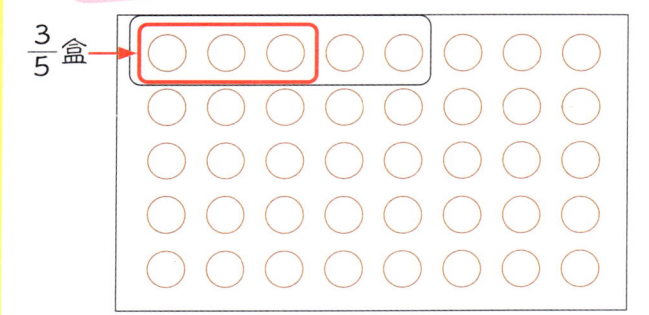

$\frac{3}{5}$ 盒

$3 \div 4 = \frac{3}{4}$　$\frac{3}{4}$ 盒

**作答說明**

學童知道整數除以整數商為分數的計算，但不理解盒和個之間的關係，以圈5個再圈其中的3個表示 $\frac{3}{5}$ 盒，並計算出錯誤的答案。

## 回答錯誤二

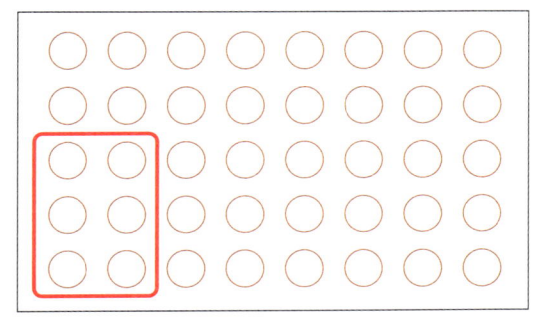

$40 \times \frac{3}{5} = 24$　$24 \div 4 = 6$

**作答說明**

學童知道整數乘以分數的計算方法，但未注意題目的單位「盒」，只計算並畫出每個人分到的個數，也未畫出 $\frac{3}{5}$ 盒。

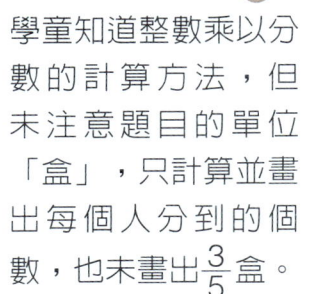

## 20 新臺幣兌換日圓

靜靜去日本出差需要到銀行換10萬日圓，他上網查了各家銀行新臺幣兌換日圓現鈔的匯率，如下表：

| 銀行別 | 日圓現鈔賣出 | 銀行別 | 日圓現鈔賣出 |
| --- | --- | --- | --- |
| 欣欣銀行 | 0.2194 | 豐豐銀行 | 0.218 |
| 台台銀行 | 0.21933 | 元元銀行 | 0.2189 |
| 中中信託銀行 | 0.22 | 玉玉銀行 | 0.2201 |

他看著表格說：「欣欣銀行是換1元日圓要付新臺幣0.2194元，換10元日圓要付新臺幣2.194元。……這些銀行都不需要手續費，我該選哪家銀行呢？」

靜靜應該選擇哪家銀行？要付新臺幣多少元？寫下你的作法。

靜靜應該選擇哪家銀行？
要付新臺幣多少元？

我的作法：

### 教授的留言板

　　學童學過多位小數乘以整數的計算後，能夠在生活中實際運用的機會不多見；雖然小數會在氣溫、銀行、股市、……常常出現，但是在生活中很少用到小數的乘法計算。學童對數學學習的印象，大都是認為只有考試之用；其實數學學習的目的在幫助學童有邏輯思考能力，能更好的適應未來職場生活。學童在國小階段離進入職場還很遠，親師要讓他們認識學習數學是讓生活更有序，數學處處存在於生活之中；透過這評量的題目，也能提供他們知道數學和生活的關聯。本題藉由兌換日幣的生活情境，學童從題意中瞭解如何將臺幣換成日幣，並能比較在哪家銀行兌換最划算。

主題二：分數與小數

## 學童作答舉隅

### 正確例一

靜靜應該選擇豐豐銀行，要付新臺幣21800元

要選兌換1日圓付最少新臺幣的銀行
從十分位開始比較，所有銀行的十分位都是2
欣欣銀行、豐豐銀行、台台銀行、元元銀行四家銀行百分位是1
中中信託銀行、玉玉銀行百分位是2
四家銀行百分位是1的再比千分位
欣欣銀行、台台銀行千分位是9，豐豐銀行、元元銀行是8
豐豐銀行沒寫萬分位，萬分位就是0
元元銀行的萬分位是9
要選豐豐銀行　10萬日圓是100000日圓
$0.218 \times 100000 = 21800$

### 作答說明

學童知道小數乘以整數的計算方法，以位值從十分位進行小數大小比較，正確找出最小的小數，並用小數乘以整數算出答案。

## 正確例二

靜靜應該選擇豐豐銀行，要付新臺幣21800元

10萬日圓是100000日圓
0.2194 × 100000 = 21940
0.21933 × 100000 = 21933
0.22 × 100000 = 22000
0.218 × 100000 = 21800
0.2189 × 100000 = 21890
0.2201 × 100000 = 22010
21800 < 21890 < 21933 < 21940 < 22000 < 22010

### 作答說明

學童知道小數乘以整數的計算方法，用小數乘以整數算出答案並比較。

### 部分正確

靜靜應該選擇豐豐銀行

我比較各銀行的價格
0.2201＞0.22＞0.2194＞0.21933＞0.2189＞0.218
豐豐銀行1日圓花新臺幣0.218元

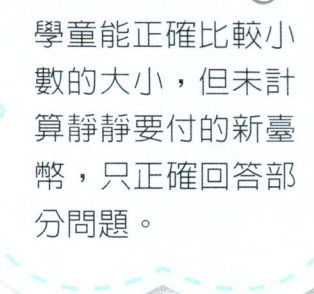

**作答說明**

學童能正確比較小數的大小，但未計算靜靜要付的新臺幣，只正確回答部分問題。

### 回答錯誤一

靜靜應該選擇中中信託銀行，要付新臺幣2.2萬元

小數點後面的數越少，小數越小
6個小數裡0.22最小
10日圓是2.2元，10萬日圓就是2.2萬元

**作答說明**

學童不清楚小數的意義，認為小數點後的數字越少值越小，回答不正確的新臺幣金額。

### 回答錯誤二

靜靜應該選擇台台銀行，要付新臺幣2194元

台台銀行的小數點後面有5個數比其他家銀行都多
0.21933最小

1日圓是0.21933、10日圓是2.1933，小數點向右移一位
10萬日圓是2193.3
要付2194

**作答說明**

學童不清楚小數的意義，以為小數點後面數字越多值越小，且未正確移動小數點，回答不正確的新臺幣金額。

## 21 賣出多少香草冰淇淋

湘湘開了一家冰淇淋專賣店，店裡的香草冰淇淋一桶是3.8公升，這一天賣出6.5桶香草冰淇淋，他想知道賣出幾公升香草冰淇淋，湘湘寫的計算方法如下：

$$\begin{array}{r} 3.8 \\ \times\ 6.5 \\ \hline 190 \\ 228\phantom{0} \\ \hline 247.0 \end{array}$$

湘湘寫的直式對不對？你是如何判斷的？

| 湘湘寫的直式對不對？ | 我判斷的方法： |
|---|---|
|  |  |

### 教授的留言板

　　學童學習小數乘法，會從小數乘以整數開始，這時仍然是整數倍，只要用被乘數的整數和小數多單位系統來計算即可。接著是學習整數乘以小數、小數乘以小數，這是有關「小數倍」的新觀念；不論被乘數是整數或小數，只要乘數是小數，都要用到「換單位」概念，將小數用整數表示，例如：1.35是135個0.01，再用類似整數乘法來處理。學童最困難之處在於「單位小數的單位小數倍」，例如：$0.1×0.1=0.01$、$0.01×0.1=0.001$、$0.001×0.1=0.0001$、……、$0.1×0.01=0.001$、$0.1×0.001=0.0001$、……；他們可先利用分數乘法來確認這些乘式的關係，再讓他們觀察單位小數相乘的規律。本題就在評量學童小數乘以小數的概念，他們只會背幾位小數乘以幾位小數是幾位小數的口訣，還是能有概念的在解決或判斷題目中的問題。

主題二：分數與小數

## 學童作答舉隅

### 正確例一

湘湘寫的直式不正確

3.8是38的0.1倍
6.5是65的0.1倍
0.1 × 0.1 = 0.01
3.8 × 6.5是38 × 65的0.01倍
38 × 65 = 2470
2470的0.01倍是24.7

**作答說明**

學童理解小數乘以小數的意義，以小數乘法和整數乘法之間的關係，判斷直式不正確。

### 正確例二

湘湘寫的直式不正確

```
    3.8         3.8
  ×  65       × 6.5
  ─────       ─────
   190         190
   228         228
  ─────       ─────
  247.0       24.70
```

3.8 × 65 是247
3.8 × 6.5 是24.7

**作答說明**

學童知道小數乘法的意義，算出3.8×65及3.8×6.5，並以計算結果說明。

### 正確例三

湘湘寫的直式不正確
3.8 × 10 是 38
3.8 × 6.5 < 38 不可能是247
一位小數 × 一位小數會是二位小數
應該是24.7

#### 作答說明

學童知道小數乘法計算的方法，以3.8×10會比3.8×6.5大，判斷直式錯誤，並寫出直式正確的積。

### 部分正確

湘湘寫的直式不對

一位小數乘以一位小數積是二位小數

#### 作答說明

學童雖然知道積的小數位數等於被乘數、乘數的小數位數和，但未清楚說明直式的錯誤。

### 回答錯誤一

湘湘寫的直式正確

小數點要對齊小數點，直式的小數點有對齊
我算的答案和他一樣

**作答說明**

學童不理解小數乘以小數的意義，可能將小數乘法與小數加法的計算混淆，以算式中的小數點有對齊及答案相同來說明。

### 回答錯誤二

湘湘寫的直式正確

我也是這樣算
只要把小數點後面的0劃掉

```
    3.8
×   6.5
―――――
    190
   228
―――――
  247.0
```

**作答說明**

學童不理解小數乘以小數的意義，以計算結果相同來說明，並認為算式只是沒刪除小數點後面的0。

memo

## 22 生日會的焦糖布丁

　　小月媽媽準備幫小月舉辦生日會,他想買焦糖布丁當點心,大賣場的焦糖布丁有甜甜和香香2個牌子,甜甜焦糖布丁是12個裝售價280元、香香焦糖布丁是8個裝售價190元。小月媽媽說:「2個牌子的焦糖布丁小月都喜歡,如果花一樣多的錢,購買哪一個牌子比較便宜?」

　　哪一個牌子的焦糖布丁比較便宜?寫下你的想法或作法。

哪一個牌子的焦糖布丁比較便宜？

我的想法或作法：

### 教授的留言板

　　學童學習購買商品誰較划算、便宜的問題，可以從單價、比例式來求解，這2種解法其實是有相關的概念。當兩量關係列成比a：b，就可用相等的比a：b＝$\frac{a}{b}$：1來思考，當後項是1時，前項就是比值也是單價，比值或單價也可用a÷b＝$\frac{a}{b}$來計算，2個整數相除的商可能是整數，也可能是小數、分數，其中小數可能除不盡要取概數。學童對於這些一連串的概念，若能將彼此之間的關聯弄清楚，任何跟前述概念有關的問題，他們就可在有概念的情況下迎刃而解。本題的評量目標是想瞭解學童比較商品價錢的概念，他們對題目中的問題怎麼解題？除了自己的解法，也可多瞭解他人的不同解法。

主題二：分數與小數

## 學童作答舉隅

### 正確例一

甜甜牌子的焦糖布丁比較便宜

我比較2個牌子買1個焦糖布丁要花的錢

$280 \div 12 \approx 23.333$

$190 \div 8 = 23.75$

$23.333 < 23.75$

**作答說明**

學童知道整數除以整數商為小數的計算方法，以單價比價的結果來選擇。

### 正確例二

甜甜牌子的焦糖布丁比較便宜

我比較購買相同個數要花的錢

12的倍數：12、24

8的倍數：8、16、24

24是12的2倍　$280 \times 2 = 560$

24是8的3倍　$190 \times 3 = 570$

$560 < 570$

**作答說明**

學童找出12和8的最小公倍數，以購買相同個數的金額進行比較並選擇。

### 正確例三

甜甜牌子的焦糖布丁比較便宜

$280 \div 12 = \frac{280}{12} = \frac{70}{3} = 23\frac{1}{3}$

$190 \div 8 = \frac{190}{8} = \frac{95}{4} = 23\frac{3}{4}$

$23\frac{1}{3} < 23\frac{3}{4}$

**作答說明**

學童知道整數除以整數商為分數的計算方法，以購買一個的金額進行比較並選擇。

### 部分正確

2個牌子差不多，可以各買一半

$280 \div 12 \approx 23.333$

$190 \div 8 = 23.75$

都是23元多

**作答說明**

學童知道整數除以整數商為小數的計算方法，但認為2個牌子的單價差不多，可以都選擇。

主題二：分數與小數

### 回答錯誤一

香香牌子的焦糖布丁比較便宜

280＞190

**作答說明**

學童未注意2個牌子的個數並不相同，直接以題目中的金額進行比較並回答。

### 回答錯誤二

香香牌子的焦糖布丁比較便宜

280×12＝3360
190×8＝1520
3360＞1520

**作答說明**

學童不理解題目的意義，以題目的數字進行乘法計算並比較。

memo

**回答錯誤三**

香香牌子的焦糖布丁比較便宜

280＞190

12＞8

**作答說明**

學童不理解題目的意義，直接以題目的數字進行比較並回答。

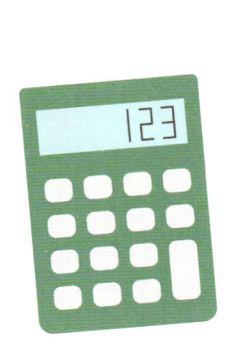

memo

主題三

# 量與實測

## 23 圓滿如意禮盒

　　餅乾工廠製作年節禮盒，曉婕將邊長10公分的正方體圓滿如意禮盒，裝入內部空間是1立方公尺的正方體紙箱中。曉婕說：「紙箱的邊長是1公尺，100÷10＝10，一個紙箱可以放10個圓滿如意禮盒。」一個內部空間是1立方公尺的正方體紙箱，最多可以裝多少個圓滿如意禮盒？寫下你的作法或想法。

一個內部空間是1立方公尺的正方體紙箱，最多可以裝多少個圓滿如意禮盒？

我的作法或想法：

### 教授的留言板

　　學童在學習正方體、長方體的體積公式時，也會認識「1立方公尺」的普遍單位，親師當然是透過操作活動，讓他們知道它和「1立方公分」的關聯。學童很早就學過長度的單位，知道1公尺和1公分的關係和換算；他們若用記憶來背誦1立方公尺是多少1立方公分是很容易記錯的，最好能用長度到體積的計算，來推理兩者之間的換算關係。這兩個體積普遍單位之間的關係，也確實可在生活情境中出現，讓學童能夠藉由情境更加瞭解，這和親師當初提供的操作活動，產生了實際的關聯和意義。本題的評量目標就在瞭解學童能否從生活情境中，掌握這2個體積單位的相關概念？並應用它從題意中來解決問題。

主題三：量與實測

## 學童作答舉隅

### 正確例一

最多可以裝1000個圓滿如意禮盒
1立方公尺正方體的邊長1公尺
1公尺＝100公分
100÷10＝10　1排可以裝10個禮盒
10×10＝100　10排是1層，1層可以裝100個
100÷10＝10　可以排10層
100×10＝1000　10層是1000個

**作答說明**

學童知道1立方公尺正方體的意義及正方體邊長與體積的關係，以個、排、層逐步說明禮盒放入正方體紙箱的方法及個數，正確回答問題。

### 正確例二

最多可以裝1000個圓滿如意禮盒

1公尺＝100公分
100×100×100＝1000000
10×10×10＝1000
1000000÷1000 可以想成1000÷1
1000÷1＝1000　　1000000÷1000＝1000

**作答說明**

學童知道1立方公尺正方體的邊長是1公尺，將公尺轉換為公分，算出1立方公尺等於1000000立方公分，再正確算出圓滿如意禮盒的個數。

### 部分正確

最多可以裝1000個圓滿如意禮盒

10×10×10＝1000
1立方公尺＝1000000立方公分

> **作答說明**
> 學童雖然正確回答圓滿如意禮盒的個數，但作法未清楚表示出紙箱和禮盒之間的關係。

### 回答錯誤一

最多可以裝10個圓滿如意禮盒

曉婕說了可以放10個
1立方公尺正方體邊長1公尺，是100公分
100÷10＝10

> **作答說明**
> 學童不清楚立方公尺與立方公分的關係，以2個正方體的邊長關係回答。

### 回答錯誤二

最多可以裝100個圓滿如意禮盒

1公尺＝100公分
100÷10＝10
10×10＝100

> **作答說明**
> 學童不理解1立方公尺的意義，雖然知道兩正方體的邊長關係，但以計算面積的方法，算出錯誤的答案。

主題三：量與實測

## 24 花園裡的天然草皮

　　珍秀想在鄉下家的花園土地上鋪上天然草皮，花園土地面積是1.9公畝，他詢問了兩家園藝公司，芯芯園藝報價「1坪720元」、翠翠園藝報價「1平方公尺250元」。珍秀想：「兩家公司的網路評價差不多，1坪大約是3平方公尺……，我選報價比較便宜的，1.9公畝的天然草皮要付幾張一千元呢？」

　　珍秀選了哪一家園藝公司？要付幾張一千元呢？說明你的作法或想法。

| 珍秀選了哪一家園藝公司？要付幾張一千元呢？ | 我的作法或想法： |

### 教授的留言板

　　學童學過面積普遍單位「平方公尺」後，進一步會學習大單位「公畝」，以及兩者之間的關係和換算。學童對這大單位的掌握，要記得1公畝是多少平方公尺外；最好也能用推理的思維，從1公畝正方形的邊長是10公尺來推知。爾後，碰到更大單位「公頃」是多少平方公尺？就可知道從長度的兩量關係，來推知面積的兩量關係是多麼重要，它可以讓這兩量關係的換算提高正確性。親師可藉由生活中的實例，來建立某面積量的量感，增加對該量的掌握，例如：一般的普通教室長9公尺、寬7公尺，加上走廊寬3公尺，再跟隔壁教室借1公尺，這面積就接近1公畝；當學童提到1公畝就可聯想到是教室加走廊，再多一些的面積。本題是從生活中表示房子面積大小的常用單位「坪」入手，學童從題意中可將它轉換成「平方公尺」或「公畝」，並瞭解他們能否以正確概念來進行解題？

主題三：量與實測

## 學童作答舉隅

### 正確例一

珍秀選了芯芯園藝公司，要付46張一千元

250×3＝750

750＞720

1.9公畝＝190平方公尺

720÷3×190＝45600

無條件進入法取概數到千位46000

46張一千元

**作答說明**

學童知道公畝和平方公尺的關係，先以坪為單位比較兩家園藝公司的價格，再將公畝換為平方公尺算出要付的金額，並取概數至千位，正確回答問題。

### 正確例二

珍秀選了芯芯園藝公司，要付46張一千元

720÷3＝240
250＞240
1.9公畝＝190平方公尺
240×190＝45600
45600÷1000＝45…600
45＋1＝46

**作答說明**

學童知道公畝和平方公尺的關係，先以平方公尺為單位比較兩家園藝公司的價格，再將公畝換為平方公尺算出要付的金額，運用除法算出要付的千元張數。

### 部分正確

珍秀選了芯芯園藝公司，要付136張一千元

$250 \times 3 = 750$

$720 < 750$

1.9公畝 = 190平方公尺

$720 \times 190 = 136800$

$136800 \div 1000 = 136\cdots800$

### 作答說明

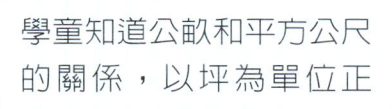

學童知道公畝和平方公尺的關係，以坪為單位正確比較兩家園藝公司的價格，但誤以坪的價格為單位計算要付的金額，因此錯誤回答了千元張數。

### 回答錯誤一

珍秀選了翠翠園藝公司，要付475張一千元

250＜720

1.9公畝＝1900平方公尺

250×1900＝475000

**作答說明**

學童不清楚公畝與平方公尺的關係，認為1公畝等於1000平方公尺，也未注意坪與平方公尺的單位不同，選擇錯誤的園藝公司，算出不正確的金額。

### 回答錯誤二

珍秀選了翠翠園藝公司，要付2250元

1.9公畝＝19平方公尺

250×19＝2250

**作答說明**

學童不清楚公畝與平方公尺的關係，認為1公畝等於10平方公尺，也未注意坪與平方公尺的單位不同，選擇錯誤的園藝公司，算出不正確的金額。

## 25 國家公園的面積

慈慈做了一張正方形的邊長與面積關係表：

| 邊長 | 1公尺 | 10公尺 | 100公尺 | 1000公尺 |
|---|---|---|---|---|
| 面積 | 1平方公尺 | 1公畝 | 1公頃 | 1平方公里 |

他從網路查詢陽陽國家公園面積約11338公頃、丁丁國家公園面積約181平方公里，慈慈說：「1000公尺是100公尺的10倍，2個國家公園的面積合起來是13148公頃，也是1314.8平方公里。」

慈慈說的正確嗎？你是如何判斷的？說明你的想法或作法。

| 慈慈說的正確嗎？ | 我判斷的想法或作法： |
|---|---|
|  |  |

### 教授的留言板

　　學童學習大單位「公畝」後，還會學習更大單位「公頃」、「平方公里」；他們要記得這些單位和「平方公尺」之間的換算，最好不要用背的，而是用推理的方法，就是先記住4個面積普通單位的邊長變化，再從長度換算面積即可。學童學習數學能從概念式理解來瞭解這些量的關係，遠比用機械式記憶的有效又正確；親師介紹這些面積量時，不要用直接宣告的，他們是沒有感覺的。教學宜從他們熟悉的長度量10倍增加，來說明這4個面積大小以10×10＝100（倍）來增加，並配合生活中實例來鞏固量感，例如：1個標準足球場面積約是1公頃，以及跟10×10間教室和走廊合起來多一些的大小關係。本題就在評量學童對這些面積單位關係的掌握，能否進行這些面積單位的比較？

## 學童作答舉隅

### 作答說明

學童知道公頃和平方公里之間的關係，以公頃為單位計算2個國家公園的面積，並說明不論是以公頃或平方公里為單位，慈慈的說法都不正確。

### 正確例一

慈慈說的不正確

1平方公里＝100公頃
1平方公里是1公頃的100倍
181平方公里＝18100公頃
11338＋18100＝29438
29438÷100＝294.38
2個國家公園合起來是29438公頃，不是13148公頃
29438公頃，是294.38平方公里，不是1314.8平方公里

### 正確例二

慈慈說的不正確

$100 \times 100 = 10000$

$1000 \times 1000 = 1000000$

$1000000 \div 10000 = 100$

1平方公里 = 100公頃

1公頃 = $\frac{1}{100}$ 平方公里 = 0.01平方公里

11338公頃 = 113.38平方公里

2個國家公園的面積都不超過200平方公里，合起來不會超過400平方公里

不可能是1314.8平方公里

$113.38 + 181 = 294.38$

**作答說明**

學童知道公頃和平方公里之間的關係，將公頃轉換為平方公里，並以估算的方法判斷說法不正確。

### 部分正確

慈慈說的不正確

雖然1000公尺是100公尺的10倍

但1平方公里是1公頃的100倍

**作答說明**

學童雖然知道公頃和平方公里之間的關係，但未清楚說明慈慈說的2個國家公園面積錯誤之處。

### 回答錯誤一

慈慈說的正確

1000公尺是100公尺的10倍
1平方公里也是1公頃的10倍
我算了2個國家公園的面積和慈慈算的結果一樣

**作答說明**

學童不理解邊長和面積的關係,認為邊長是10倍和面積也是10倍,認為慈慈的計算和說法正確。

### 回答錯誤二

慈慈說的不正確

11338＋181＝11519

**作答說明**

學童不清楚面積單位的意義,忽略題目的面積單位不同,以題目中的數字和錯誤說明。

memo

# 26 阿健的大貨車

交通部的法令規定：載重大貨車的總重量未超過規定上限的1.1倍，免予舉發及罰款。大貨車載重規定如下表：

| 貨車車型 | 車輛總重量上限（公噸） |
|---|---|
| 前後均為單軸車輛 | 15 |
| 前單軸後雙軸車輛 | 21 |
| 前雙軸後單軸車輛 | 20 |

阿健開著一輛前雙軸後單軸的大貨車，在高速公路地磅站測出的總重量為21500公斤，阿健會被罰款嗎？說明你的理由。

**阿健會被罰款嗎?**

**我的理由：**

### 教授的留言板

　　學童在重量單元學過普遍單位「公斤」後，就會學習大單位「公噸」；重量的大單位只有一個，他們要記得公斤和公噸的換算，最好要有跨步約1公尺走1公里的經驗，這校園數學步道活動不是在求精準答案，而是由大家合作來共同進行，從合理的1公里走幾個約1公尺跨步的約估結果，增加對1公里的量感。學童在此經驗下，再記住1公里是多少公尺的正確性就會提高。學童對整數乘以小數的計算已學過，但在實際生活中確實少有機會運用，他們能從題意中看到這計算存在的必要性。本題在評量學童對重量單位的掌握，以及透過題意中需要的計算，來解決貨車要不要罰款的問題。

## 學童作答舉隅

### 正確例一

阿健不會被罰款

前雙軸後單軸的大貨車重量上限是20公噸
20 × 1.1 = 22
1000公斤 = 1公噸
21500公斤 = 21.5公噸
22 > 21.5

**作答說明**

學童知道公斤和公噸之間的關係，正確以小數乘法算出罰款上限的重量，並將大貨車的重量由公斤轉換為公噸後，與罰款重量上限進行比較。

### 正確例二

阿健不會被罰款

前雙軸後單軸的大貨車重量上限是20公噸
20 × 1.1 = 22
1000公斤 = 1公噸
22公噸 = 22000公斤
22000 > 21500

**作答說明**

學童知道公斤和公噸之間的關係，正確以小數乘法算出罰款上限的重量，並將罰款上限的重量由公噸轉換為公斤後，與大貨車的重量進行比較。

### 部分正確

阿健會被罰款

前雙軸後單軸的大貨車重量上限是20公噸
1000公斤＝1公噸
21500公斤＝21.5公噸
21.5－20＝1.5
超重1.5公噸

**作答說明**
學童知道公斤和公噸之間的關係，也能正確將公斤轉換為公噸，但忽略題目訊息「1.1倍」，認為大貨車超重1.5公噸，阿健會被罰款。

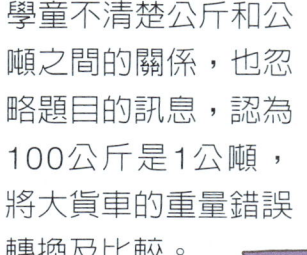

### 回答錯誤一

阿健會被罰款

阿健的大貨車是21500公斤
表格最多是21公噸
21500公斤是215公噸
215＞21

**作答說明**
學童不清楚公斤和公噸之間的關係，也忽略題目的訊息，認為100公斤是1公噸，將大貨車的重量錯誤轉換及比較。

### 回答錯誤二

阿健會被罰款

21500公斤是21.5公噸
21.5 × 1.1＝23.65
23.65＞15　23.65＞20　23.65＞21

**作答說明**
學童雖然知道公斤和公噸之間的關係，但誤解題目的訊息，計算出錯誤的大貨車重量，因而回答錯誤。

主題三：量與實測

## 27 點心鋪的和果子

　　點心鋪老闆用機器製作和果子，機器1分鐘30秒可以做出一個和果子，製作每一個和果子所花的時間都相同，老闆計算機器製作一盒8個裝的和果子要花多少時間，他寫的算式如下：

$$\begin{array}{r} \overset{2}{1}\ 30 \\ \times\quad\ 8 \\ \hline 10\ 40 \end{array}$$

　　老闆說：「機器製作一盒8個裝的和果子要花10分鐘40秒。」

　　老闆寫的算式正不正確？你是如何判斷的？

| 老闆寫的算式正不正確？ | 我判斷的方法： |

### 教授的留言板

　　學童對時間（量）的計算，不論加、減、乘的問題，他們最常見的迷思概念是受整數計算的影響，都以十進位制來解題。十進位制是具有位值概念的10進制，例如：十位滿10進1到百位，百位代表10個十，也就是10×10個一；所以10進制是用10的倍數來進位，例如：有10×10＝$10^2$就在百位記1。時間單位「日、時、分、秒」有24進制，也有60進制，學童最好能配合生活案例建立量感，來記得這些單位之間的換算，並養成在解題前要先想一下兩者關係再解題，不要養成沒有思考就盲目解題的不良習慣。本題就在評量學童對時間（量）計算的處理，他們是用什麼進制來解題。

## 學童作答舉隅

### 作答說明

學童知道時間乘法的計算方法，以老闆的算式是將1分鐘視為100秒來說明，並以分、秒二階單位，用時間乘法直式正確計算所花的時間。

### 正確例一

老闆寫的算式不正確

1分鐘＝60秒

老闆的直式是將1分鐘認為是100秒

```
    分    秒
    1    30
  ×       8
  ─────────
    8   240
   12    0
```

1分鐘30秒的8倍應該是12分鐘

### 正確例二

老闆寫的算式不正確

1分鐘是60秒
30×8＝240
240÷60＝4
1×8＝8
8＋4＝12

一盒是8個裝，要做12分鐘

### 作答說明

學童知道1分鐘是60秒及時間的乘除計算，分別算出所花的秒數和分鐘數，以算出的總時間量來說明。

### 部分正確

老闆寫的算式不正確

因為1分鐘是60秒
算式進位錯誤

**作答說明**

學童雖然知道1分鐘是60秒，以算式進位錯誤來說明，但未以算式清楚說明進位錯誤之處。

### 回答錯誤一

老闆寫的算式正確

$$\begin{array}{r} \text{分}\quad\text{秒} \\ 1^{\,2}\ \ 30 \\ \times\qquad 8 \\ \hline 10\ \ 40 \end{array}$$

在直式寫上分、秒，
就能清楚知道老闆計算正確

**作答說明**

學童不清楚時間乘法直式計算的意義，認為時間乘法計算和整數乘法一樣，在算式上加上「分」、「秒」來說明，忽略秒、分是60進制。

### 回答錯誤二

老闆寫的算式正確

我算過了
$130 \times 8 = 1040$

**作答說明**

學童不清楚時間乘法直式計算的意義，以整數乘法計算來說明老闆寫的算式。

## 28 校慶的卡通影片

彎彎小學舉辦校慶活動,除了在操場舉辦闖關活動,還在視聽教室從上午9點到下午3點連續不間斷播放同一部卡通影片共8次,讓學生自由選擇欣賞時間。

小葵11點50分完成闖關活動後,對同學說:「我們吃完午餐休息一下,下午1點一定來得及趕上第6場卡通影片開始播放的時間。」

下午1點來不來得及趕上第6場卡通影片開始播放的時間?說明你的理由。

下午1點來不來得及趕上第6場卡通影片開始播放的時間？

我的理由：

### 教授的留言板

　　學童學習時間（量）的除法問題，常會碰到兩類典型問題：一是等分除，例如：王阿姨連續做三件一樣的童裝，用了3小時15分鐘，王阿姨做一件童裝要花多少時間？他們可用被除數的多單位來直接解題；二是包含除，例如：機械工廠的生產線每1小時25分鐘可產生一臺無人機，請問生產線開動8小時30分鐘可生產幾臺無人機？他們一定要將被除數和除數都換成同單位才能求解。還有，學童對2個時刻間有多少時間（量）的問題，親師應協助他們瞭解只有時間（量）才能計算，每一個時刻都有對應的時間（量），例如：上午8時45分是從該日0時經過8小時45分鐘、下午1時15分是從該日0時經過13小時15分鐘，兩者相距4小時30分鐘。學童在做直式計算時的單位只寫「時、分」，因為它是時間（量）的數學用語，當然也是時刻的數學用語。

## 學童作答舉隅

### 作答說明

學童知道時間乘除的計算方法，畫出時間線段圖說明第6場開始時刻，已經過了播放5場的時間量，並以第6場開始時刻說明。

#### 正確例一

下午1點來不及趕上第6場卡通影片開始播放的時間

下午3點是15時
15時－9時＝6時
8場卡通影片播放的時間是6小時
60×6＝360
360÷8＝45
一場播放的時間是45分鐘

```
9時                                                    15時
├─────┼─────┼─────┼─────┼─────┼─────┼─────┼─────┤
  第1場  第2場  第3場  第4場  第5場 (第6場) 第7場  第8場
```

第6場開始的時間，卡通影片已播放了5場
45×5＝225
225分＝3小時45分
9＋3＝12
第6場開始時間是12點45分，下午1點是13時，來不及

### 正確例二

下午1點來不及趕上第6場卡通影片開始播放的時間

15－9＝6
60×6＝360
360÷8×5＝225（播放5場的時間）
13－9＝4
60×4＝240（從上午9點到下午1點的時間）
240＞225
來不及

**作答說明**

學童知道時間乘除的計算方法，算出5場播放的時間量及上午9點到下午1點的時間量，並以2個時間量的比較來說明。

### 部分正確

下午1點來得及趕上第6場卡通影片開始播放的時間
15－9＝6
60×6＝360
360÷8×5＝225
13－9＝4
60×4＝240
240＞225
來得及

### 作答說明

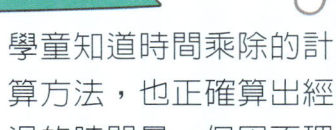

學童知道時間乘除的計算方法，也正確算出經過的時間量，但因不理解2個時間量比較的結果，認為來得及趕上第6場卡通影片開始播放的時刻。

### 回答錯誤一

下午1點來得及趕上第6場卡通影片開始播放的時間

15－9＝6
6÷8＝0.75
0.75×6＝4.5
9＋4.5＝13.5　　13時50分＞13時

**作答說明**

學童不清楚時換為時、分的意義，並以播放6場的時間量轉換為第6場開始播放的時刻，而認為來得及趕上第6場卡通影片開始播放的時刻。

### 回答錯誤二

下午1點來得及趕上第6場卡通影片開始播放的時間

下午1點是13時
13時－11時50分＝1時10分
吃飯和休息不需要1小時10分
來得及

**作答說明**

學童不理解題目的意義，以11時50分至13時經過的時間量和日常生活經驗比較來說明。

主題三：量與實測

## 29 彩色紙做的無蓋紙盒

豪豪在一張邊長15公分正方形彩色紙的四個角各剪下邊長1公分的正方形，並摺成一個無蓋紙盒（如下圖），他計算出這個紙盒的容積是「13×13×1＝169」。

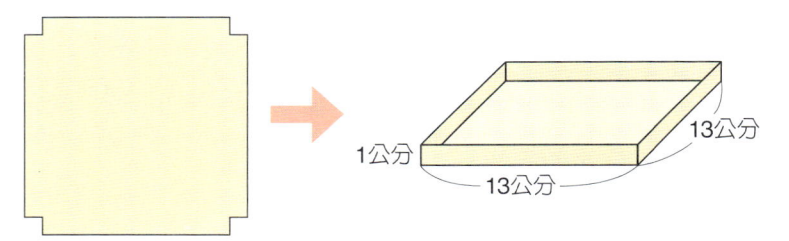

豪豪再用另一張大小一樣的正方形彩色紙，在四個角各剪下邊長2公分的正方形，然後摺成一個無蓋紙盒，並計算這個紙盒的容積是「11×11×2＝242」。豪豪說：「169＜242，一樣大的正方形彩色紙，四個角剪下的正方形越大，摺出的無蓋紙盒容積越大。」

一樣大的正方形彩色紙，四個角剪下的正方形越大，摺出的無蓋紙盒容積越大嗎？你是如何判斷的？說明你的想法或作法。

一樣大的正方形彩色紙，四個角剪下的正方形越大，摺出的無蓋紙盒容積越大嗎？

我的想法或作法：

### 教授的留言板

　　學童對長方體體積的求算過於依賴題目上的長、寬、高，若題目上有一長方體任意在三邊標上數字，他們也不習慣確認這三邊長的代表意義，還是將這3個數字直接相乘照算不誤；若是長方體上有4個邊長標上數字，其中確實有長、寬、高三邊的數字，他們就不知道要怎麼解題了，這就表示學童只知道死背長方體的體積公式，沒有概念性的理解和思考。本題是一題需要靈活思考的問題，學童要能自己按照題意找出長、寬、高再求算體積，並且能判斷紙盒體積的變化情形。還有，本題的無蓋紙盒是從一張正方形彩色紙，剪去四個角的小正方形後形成，學童要有無蓋紙盒展開的概念，或是從長方體來想像只有下底和四個側面的樣子，他們有此空間概念才能正確解題。

## 學童作答舉隅

**作答說明**

學童知道容積和體積之間的關係，計算出不同紙盒的容積，並比較容積來說明想法。

### 正確例一

一樣大的正方形彩色紙，四個角剪下的正方形越大，摺出的無蓋紙盒容積不一定越大。

邊長1公分　13×13×1＝169　邊長2公分　11×11×2＝242
我依豪豪的方法，繼續剪不同大小的正方形
(1) 邊長3公分
　　紙盒底邊的邊長是15－3×2＝9
　　紙盒的高是3公分
　　容積是9×9×3＝243　243＞242　243＞169
　　剪邊長3公分的正方形容積比剪邊長2公分、1公分的正方形容積大
(2) 邊長4公分
　　紙盒底邊的邊長是15－4×2＝7
　　紙盒的高是4公分
　　容積是7×7×4＝196　196＜243　196＜242　196＞169
　　剪邊長4公分的正方形容積比剪邊長3公分、2公分的正方形容積小

### 正確例二

一樣大的正方形彩色紙，四個角剪下的正方形越大，摺出的無蓋紙盒容積不一定越大。

我找出所有剪整公分正方形的無蓋容器的容積
(1)邊長1公分　　　(2)邊長2公分　　　(3)邊長3公分
　13×13×1=169　　11×11×2=242　　9×9×3=243
(4)邊長4公分　　　(5)邊長5公分　　　(6)邊長6公分
　7×7×4=196　　　5×5×5=125　　　3×3×6=54
(7)邊長7公分
　1×1×7=7
四個角剪7公分正方形摺出的無蓋紙盒容積最小

**作答說明**

學童知道容積和體積之間的關係，逐一計算所有剪整公分正方形的無蓋紙盒的容積，並以剪下最大正方形的無蓋紙盒容積來說明。

### 部分正確

一樣大的正方形彩色紙，四個角剪下的正方形越大，摺出的無蓋紙盒容積越大。

剪邊長3公分的正方形
紙盒的邊長是15－3×2＝9
紙盒的高是3公分
容積是9×9×3＝243　243＞242　243＞169
剪3公分正方形的紙盒容積＞剪2公分正方形的紙盒容積
剪2公分正方形的紙盒容積＞剪1公分正方形的紙盒容積

### 作答說明

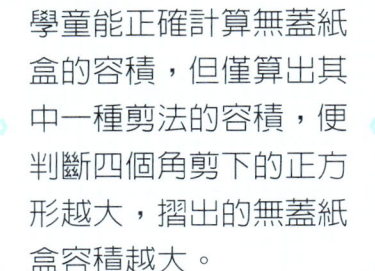

學童能正確計算無蓋紙盒的容積，但僅算出其中一種剪法的容積，便判斷四個角剪下的正方形越大，摺出的無蓋紙盒容積越大。

### 回答錯誤一

一樣大的正方形彩色紙，四個角剪下的正方形越大，摺出的無蓋紙盒容積越大。

剪2公分正方形的無蓋紙盒容積 > 剪1公分正方形的無蓋紙盒容積
3公分 > 2公分　4公分 > 3公分　5公分 > 4公分
越來越大

**作答說明**

學童不清楚計算容積的方法，以比較正方形的邊長說明四個角剪下的正方形越大，摺出的無蓋紙盒容積越大。

### 回答錯誤二

一樣大的正方形彩色紙，四個角剪下的正方形越大，摺出的無蓋紙盒容積越大。

因為 169 < 242　1 < 2
容積越大，正方形邊長越長

**作答說明**

學童不清楚計算容積的方法，以題目中的容積及邊長來說明四個角剪下的正方形越大，摺出的無蓋紙盒容積越大。

## 30 水族箱裡的金魚和烏龜

　　阿舜將一條金魚和一隻烏龜，分別放入2個已裝了一些水的長方體水族箱。他發現2個水族箱的水面都升高3公分（如下圖），阿舜對弟弟說：「水都升高3公分，金魚和烏龜的體積一樣大。」

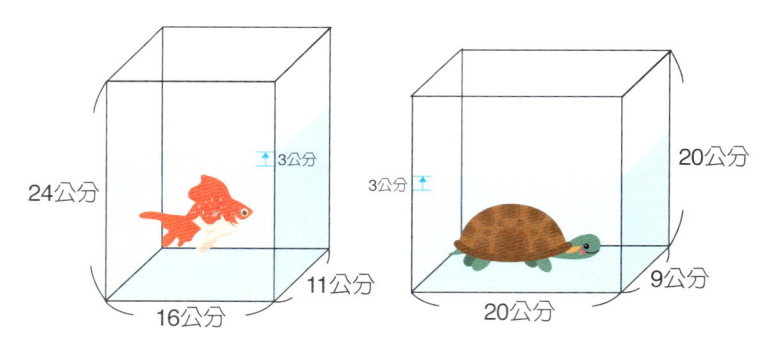

24公分　3公分　16公分　11公分

3公分　20公分　20公分　9公分

　　金魚和烏龜的體積一樣大嗎？說明你的想法或作法。

金魚和烏龜的體積一樣大嗎？

我的想法或作法：

### 教授的留言板

　　學童在學過容積概念後，就會學習從容器中上升的水量，來測量不規則物品的體積；他們同時也會認識水量1公升和體積1000立方公分的關係，才能求算容積相關的問題。學童在學習容量時，往往忘了它是三維的量，只注意到容器中水量的高度；當容器中的水量裝滿時，就是該容器的容量。親師在引導學童認識容量時，不論是初步認識、直接比較、間接比較（含個別單位）、普遍單位等階段的學習，要能確實體會到容量（含水量）是三維量。學童學習的長度是一維量，面積是二維量，體積、容量是三維量；它們不會直接被告知這些量是幾維的量，而是要從操作活動和概念發展中建立和認識。本題的評量目標是想瞭解學童的容積概念，他們是怎麼藉此來判斷題目中的問題？

主題三：量與實測

## 學童作答舉隅

### 作答說明

學童知道水上升的體積和不規則物體體積的關係，及不規則物體的計算方法，以水上升的高度一樣時，只需比較容器的長×寬，並正確比較出不規則物體的體積大小。

### 正確例一

金魚和烏龜的體積不一樣大

不規則物體的體積＝長×寬×水上升的高度
2個水族箱的水都是上升3公分
只要比較兩個水族箱的長×寬
16×11＝176　　20×9＝180
176＜180　　176×3＜180×3
金魚的體積＜烏龜的體積

### 正確例二

金魚和烏龜的體積不一樣大

水上升的體積＝不規則物體的體積
16×11×3＝528
20×9×3＝540
540＞528
烏龜的體積＞金魚的體積

### 作答說明

學童知道水上升的體積和不規則物體體積的關係，計算不同水族箱中水上升的體積，並正確比較出不規則物體的體積大小。

### 部分正確

金魚和烏龜的體積一樣大

金魚的體積是長×寬×水上升的高度
烏龜的體積也是長×寬×水上升的高度
水都上升3公分　16×11×3＝528
都是 528立方公分

**作答說明**

學童雖然知道計算不規則物體體積的方法，但忽略水族箱的長×寬不同，認為水都上升3公分，計算出其中一個物體的體積，認為另一個物體也是一樣的體積。

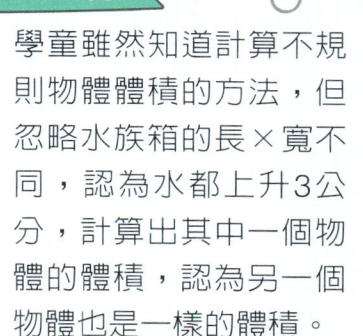

### 回答錯誤一

金魚和烏龜的體積一樣大

都上升3公分
體積一樣大

**作答說明**

學童不清楚不規則物體體積的計算方法，認為水都上升3公分，體積會一樣大。

### 回答錯誤二

金魚的體積比較大

16×11×24＝4224
20×9×20＝3600
4224＞3600
金魚 ＞烏龜

**作答說明**

學童不清楚不規則物體體積的意義，計算容器的容積，並以容器的容積進行比較。

主題三：量與實測

memo

## 主題四

# 關係

## 31 草莓園裡的草莓

芳芳一家4人到草莓園裡摘草莓，芳芳爸爸摘了46顆草莓、媽媽摘了51顆草莓、芳芳摘了39顆草莓，芳芳對姐姐說：「如果你摘了44顆草莓，我們平均一個人就可以分到45顆草莓。」姐姐回答：「加上我實際摘的草莓，我們應該平均可以分到46顆草莓。」

芳芳的姐姐實際摘了多少顆草莓？說明你的想法或作法。

芳芳的姐姐實際摘了多少顆草莓？

我的想法或作法：

### 教授的留言板

　　學童學習平均問題，知道總數量、總個數之間會產生均值；親師提供的情境問題，應該可以真的調移成一樣多，例如：平均費用是多付錢的人可拿回差額、少付錢的人要補足差額。因為算術平均數的算法和平均問題完全一樣，有些親師會誤以為兩者一樣，其實算術平均數是統計的代表數概念，例如：某生某次五科考試的成績分別為80、75、85、55、65，雖然算術平均數是72分，但是其中55分不及格就是不及格，其他四科分數不可能給它，就算是同科目也不是真的能把分數給它。算術平均數在國中階段簡稱平均數，在統計學上作為代表數的平均數是要去除極端值的；平均問題是算術思維，而算術平均數、平均數是統計思維。

主題四：關係

## 學童作答舉隅

### 正確例一

姐姐實際摘了48顆草莓

姐姐摘44顆，平均1人45顆
46－45＝1
平均46顆，每人要比45顆多1顆
1×4＝4　4人要多4顆
其他人摘的草莓數不變，姐姐要比44顆多摘4顆
44＋4＝48　　姐姐實際摘48顆

**作答說明**

學童理解平均的意義，以2個平均的差異，找出增加的數量，正確回答姐姐摘了48顆草莓。

### 正確例二

姐姐實際摘了48顆草莓

4個人平均46顆
46×4＝184　　總共184顆
爸爸、媽媽、芳芳
46＋51＋39＝136　　184－136＝48
姐姐實際摘48顆

**作答說明**

學童理解平均和總數之間的關係，以總數量和已摘數量的差，知道姐姐摘了48顆草莓。

### 正確例三

姐姐實際摘了48顆草莓

4個人平均46顆
爸爸摘46顆和平均的數量一樣多
51－46＝5　媽媽多摘5顆
46－39＝7　芳芳少摘7顆
7－5＝2　　還差2顆
姐姐要比平均的數量多2顆　46＋2＝48　姐姐實際摘48顆

**作答說明**

學童理解平均的意義，以平均數量和個人數量的差異，找出姐姐摘了48顆草莓。

### 部分正確

姐姐摘了48顆草莓

44＋4＝48

**作答說明**

學童雖然能正確回答姐姐要摘48顆草莓，但未清楚說明44＋4的理由。

### 回答錯誤一

姐姐摘了45顆草莓

$46+51+39+44=180$

$180 \div 4 = 45$

**作答說明**

學童知道計算平均的方法，但忽略題目訊息，以題目中已出現的個人數量算出總數及平均數量，並回答姐姐摘了45顆草莓。

### 回答錯誤二

姐姐摘了46顆草莓

題目說了每人平均46顆，每人要摘46顆姐姐要摘46顆

**作答說明**

學童不理解平均的意義，認為平均數量即為姐姐摘的數量。

### 回答錯誤三

姐姐摘了44顆草莓

芳芳已經說了姐姐摘了44顆草莓

**作答說明**

學童不理解平均的意義,也不清楚題目的訊息,以題目中出現的數字回答。

主題四:關係

## 32 彩色聖誕小燈泡

燈泡工廠製作的彩色聖誕小燈泡一串有125個，有商家要購買4040串彩色聖誕小燈泡，工廠的會計和業務主任都想計算要製作的小燈泡數量，會計寫的算式是「125×4040＝100×4040＋25×4040」，業務主任寫的算式是「125×4040＝125×4000＋125×40」。

請你用數學課學過的計算方法，判斷誰的算式正確？並寫出你判斷的方法。

**誰的算式正確？**

**我判斷的方法：**

### 教授的留言板

　　學童學習整數的運算規律有交換律、結合律、分配律，他們是從同一生活情境中，認識不同解題的算式都有相同的結果，因而產生2個算式的關聯，例如：媽媽買45元麵包4個、45元的三明治6個，媽媽付了多少元？解法一：45×4＋45×6＝180＋270＝450、解法二：45×（4＋6）＝45×10＝450，因為解同樣問題的算式不同、答案相同，所以45×4＋45×6＝45×（4＋6）。通常這樣的運算規律是從情境中認識，不是從a×b＋a×c＝a×（b＋c）一般式來認識；用這種運算規律來解決問題更強調的是「巧算」，不強調要記住規律的名稱。到國中階段會認識負數外，還會再次學習交換律、結合律、分配律等。本題的設計就在瞭解學童對分配律的認識，能否確實掌握和理解？

主題四：關係

## 學童作答舉隅

**作答說明**

學童理解乘法對加法的分配律,並以乘法對加法的分配律來說明2個算式都正確。

### 正確例一

工廠會計和業務主任的算式都正確

因為125可分為100和25
125×4040就可以分成100×4040和25×4040
所以125×4040＝100×4040＋25×4040是正確的
同樣的4040可分為4000和40
125×4040就可以分成125×4000＋125×40
所以125×4040＝125×4000＋125×40也是正確的
我也算出結果,所以2個算式都能正確算出答案

### 正確例二

工廠會計和業務主任的算式都正確

我先算出 125 × 4040 = 505000
100 × 4040 + 25 × 4040 = 404000 + 101000 = 505000
125 × 4000 + 125 × 40 = 500000 + 5000 = 505000
100 × 4040 + 25 × 4040 和 125 × 4000 + 125 × 40
計算的結果都是 505000
和 125 × 4040 的結果一樣

**作答說明**

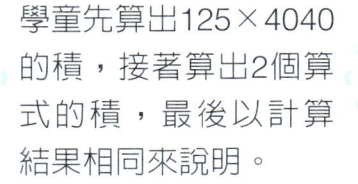

學童先算出 125 × 4040 的積，接著算出 2 個算式的積，最後以計算結果相同來說明。

### 部分正確一

工廠會計和業務主任的算式都正確
125 × 4040可以分成100 × 4040和25 × 4040

**作答說明**

學童雖然認為2個算式都正確，但只說明其中一個算式正確的理由。

### 部分正確二

工廠會計和業務主任的算式都正確
我算過了答案都一樣

**作答說明**

學童雖然知道計算的結果都相同，但未說明計算的結果為何相同，也未寫出答案。

### 回答錯誤一

(A)工廠會計的算式正確
　　我學過125可以分成100和25
　　另一個算式不可以這樣分

(B)業務主任的算式正確
　　我算過了4040是4000＋40
　　另一個算式不可以這樣分

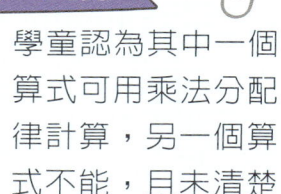

**作答說明**

學童認為其中一個算式可用乘法分配律計算，另一個算式不能，且未清楚說明原因。

### 回答錯誤二

兩個算式都不正確

應該直接計算125×4040

```
      125
×    4040
─────────
     5000
      500
─────────
   505000
```

**作答說明**

學童不清楚乘法對加法的分配律，認為2個算式都不正確，應該用直式算出答案。

## 33 手工製作的小卡片

　　鈞鈞收到三張不同形狀手工製作的小卡片，分別是平行四邊形、三角形和梯形（如下圖），他發現三張小卡片的底邊長度一樣長，高度也一樣高。哪一個形狀的小卡片面積最大？哪一個形狀的小卡片面積最小？用數學的理由，說明你的想法。

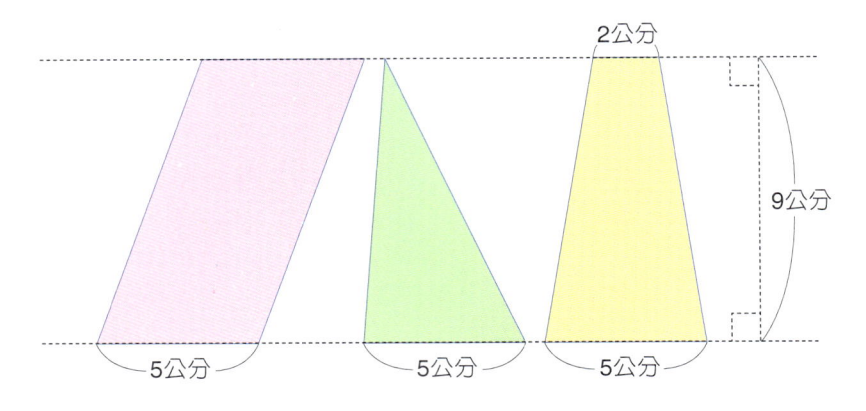

2公分

9公分

5公分　　5公分　　5公分

哪一個形狀的小卡片面積最大？哪一個形狀的小卡片面積最小？

我的想法：

### 教授的留言板

　　學童認識平行四邊形、三角形、梯形的圖形構成要素、性質等，以及面積公式；他們不能只會背公式，要有清楚的概念，才能靈活的運用。若學童能掌握這些圖形的同底、等高特性，用直觀的方式就可判斷面積的大小，但他們要學習把比較的想法用數學理由寫出來。學童的數學想法，可從底的比較、公式的列式、面積的大小，來找出比較的方法。當然，他們還要能掌握這3個圖形間的關聯，從關聯間掌握可比較的因素。學童若只會死記平行四邊形、三角形、梯形的面積公式，他們找不到彼此可關聯的地方，可能的解題方法只能靠計算。本題就在評量學童能否理解這些不同圖形的面積公式？並能寫出數學理由的比較方法。

## 學童作答舉隅

**作答說明**

學童知道不同形狀的面積公式，知道3個形狀有相同的高和底（梯形的下底），以面積公式進行比較。

### 正確例一

平行四邊形小卡片面積最大、
三角形小卡片面積最小

平行四邊形面積公式　底×高
三角形面積公式　　　底×高÷2
梯形面積公式　　　（上底＋下底）×高÷2
有相同的高
只要比較底、底÷2、(上底＋下底)÷2
平行四邊形的底、三角形的底、梯形的下底一樣長
三角形面積要÷2，面積最小
梯形的上底比下底短（上底＋下底）÷2＜平行四邊形的底

### 正確例二

平行四邊形小卡片面積最大、三角形小卡片面積最小

平行四邊形面積公式　底×高
三角形面積公式　　底×高÷2
梯形面積公式　　　(上底＋下底)×高÷2
平行四邊形面積 $5×9=45$
三角形面積 $5×9÷2=22\frac{1}{2}$
梯形面積 $(2+5)×9÷2=31\frac{1}{2}$

**作答說明**

學童知道不同形狀的面積公式，以面積公式算出平行四邊形、三角形、梯形面積來回答。

### 正確例三

平行四邊形小卡片面積最大、三角形小卡片面積最小

我可以用梯形面積公式來想平行四邊形面積和三角形面積
平行四邊形面積　（下底＋下底）×高÷2
三角形面積　　　（0＋下底）×高÷2
梯形面積　（上底＋下底）×高÷2
下底＞上底＞0
平行四邊形面積＞梯形面積＞三角形面積

**作答說明**

學童知道可以用梯形面積公式計算不同的形狀，比較計算平行四邊形、三角形、梯形面積的差異，正確回答問題。

### 部分正確

平行四邊形小卡片面積最大

平行四邊形面積公式　　底×高
三角形面積公式　　底×高÷2
梯形面積公式　　（上底＋下底）×高÷2
有一樣的高和底
三角形和梯形都要÷2

**作答說明**

學童知道不同形狀的面積公式及3個形狀有一樣的底和高，但只說明平行四邊形面積最大，卻未回答面積最小的形狀。

### 回答錯誤一

平行四邊形最大、三角形最小

看起來平行四邊形最大、三角形最小

**作答說明**

學童未以數學的理由說明想法，以直觀感受回答。

### 回答錯誤二

三個小卡片面積一樣大

雖然看起來不太一樣，但是同底、等高，面積相等

**作答說明**

學童不理解不同形狀的面積公式，認為平行四邊形、三角形、梯形同底、等高，面積會相等。

memo

## 主題五 圖形與空間

## 34 竹籤的選擇

　　小梅有5公分、10公分、15公分的竹籤各2根，他想拿3根竹籤組成一個等腰三角形，小梅可以有哪些選擇？最少寫出2種選擇，並說明你選擇的理由。

小梅可以有哪些選擇？

我選擇的理由：

### 教授的留言板

　　學童已認識三角形的構成要素有3個邊、3個角等，進一步會認識這些角有直角、銳角、鈍角，還有這些邊可能是三邊等長、兩邊等長、三邊都不等長的特性。三角形從角來分有直角三角形、銳角三角形、鈍角三角形，從邊來分有正三角形、等腰三角形、一般三角形；還有兩者特性都有的直角等腰三角形。親師再進一步引導學童透過操作活動，探討三角形三邊的關係，發現任兩邊長和第三邊長的性質，以及從這性質中察覺可由最長邊來判斷另兩邊的和是否符合條件？本題就在評量學童對三角形三邊關係的掌握，以及對等腰三角形概念的理解。

主題五：圖形與空間

## 學童作答舉隅

### 正確例一

小梅不只2種選擇,可以有4種選擇
(1)10公分、10公分、5公分　(2)10公分、10公分、15公分
(3)15公分、15公分、5公分　(4)15公分、15公分、10公分

三角形有3個邊,等腰三角形有2個邊一樣長,
三角形任兩邊和大於第三邊
我要選較短的2根竹籤合起來的長度比第3根長
有3種長度的竹籤
(1)不能選2根5公分的竹籤
　　5＋5＝10,10＝10　10＜15
(2)如果選2根10公分,第3根可以選5公分,
　　也可以選15公分
　　10＋5＞10　10＋10＞15
(3)如果選2根15公分,第3根可以選5公分,
　　也可以選10公分
　　15＋5＞15　　15＋10＞15
我找到不只2種,總共有4種

**作答說明**

學童知道三角形兩邊和大於第三邊及等腰三角形有2個一樣長的邊,並以較短兩邊和大於第三邊的方法,依序找出所有的竹籤組合。

### 正確例二

(A)小梅可以選：(1)10公分、10公分、5公分
　　　　　　　(2)10公分、10公分、15公分
三角形任兩邊和大於第三邊，等腰三角形有2個邊一樣長
5＋5＝10　不能選2根5公分
選2根10公分
10＋10＞5　10＋5＞10
10＋10＞15　10＋15＞10
第3根可以選5公分，也可以選10公分

(B)小梅可以選：(1)15公分、15公分、5公分
　　　　　　　(2)15公分、15公分、10公分
等腰三角形有2個邊一樣長，我先選2根15公分
三角形任兩邊和大於第三邊
15＋15＞5　15＋5＞15
15＋15＞10　15＋10＞15
第3根可以選5公分，也可以選10公分

**作答說明**

學童知道三角形兩邊和大於第三邊及等腰三角形有2個一樣長的邊，並依序找出兩組竹籤組合。

### 部分正確

小梅可以選15公分、15公分、10公分3根竹籤
等腰三角形有2個一樣長的邊
三角形兩邊和要大於第三邊
我先選比較長的當兩邊
15＋15＞10　　10＋15＞15

### 作答說明

學童知道等腰三角形有2個一樣長的邊,也知道三角形兩邊和大於第三邊,先選最長的竹籤當兩邊,只寫出一組竹籤組合。

### 回答錯誤一

小梅可以選5公分、10公分、15公分
三角形有3個邊
有3種竹籤可以各選一根

**作答說明**

學童知道三角形有3個邊,但不清楚等腰三角形有2個一樣長的邊,也不清楚三角形兩邊和大於第三邊,只選擇3根不一樣長的竹籤,且選的3根竹籤無法組成三角形。

### 回答錯誤二

小梅可以選5公分、5公分、10公分
三角形有3個邊,等腰三角形有2個一樣長的邊
我從長度短的選

**作答說明**

學童知道等腰三角形有2個一樣長的邊,但不清楚三角形兩邊和大於第三邊,選出的3根竹籤無法組成三角形。

主題五:圖形與空間

## 35 三角形的三個角

　　巧巧忘記一個三角形的3個角合起來是多少度，小昱告訴巧巧：「一個三角形的3個角合起來是180度。」

　　你能幫小昱說明或操作讓巧巧瞭解嗎？請寫下或畫下你的想法或作法。

一個三角形的3個角合起來是180度嗎？

我的想法或作法：

### 教授的留言板

　　學童初次透過操作活動認識三角形3個內角和是180度，這操作活動有很多方式，可將三角形3個角分別透過摺紙動作、撕下3個角拼在一起，或利用量角器來測量三角形3個角的和，或將已知的三角板3個角度加總，進而可確知三角形的內角和。親師若未透過操作活動，就直接宣布三角形3個角的和是180度，學童在沒有概念和理解下，只記口訣是會混亂且不會持久的。學童在這麼多操作活動中，透過摺紙來確知的困難度最高；利用量角器測量任意三角形的3個角其和不一定是180度，因為測量會有誤差，這誤差來自被測量物、測量工具、報讀，親師要能接受合理的誤差。本題的設計就在瞭解學童如何說明三角形3個內角和是180度。學童除了透過前述的操作活動來說明外，利用他們熟知的圖形來推理得知也是可以。

主題五：圖形與空間

## 學童作答舉隅

**作答說明**

學童以測量三角形3個角的角度及將三角形拼成一個平角的活動經驗，完整說明三角形的3個角合起來是180度。

### 正確例一

一個三角形的3個角合起來是180度

(1) 可以用量角器測量

　　三角板的形狀是三角形

　　我測量過2個三角板

　　一個是30°、60°、90°，合起來是180°

　　一個是45°、45°、90°，合起來也是180°

　　正三角形有3個一樣大的角，我測量過每個角是60度

　　60 × 3 = 180　　合起來也是180°

(2) 可以把3個角拼在一起

　　我有做過，三角形的3個角可以拼成一個平角

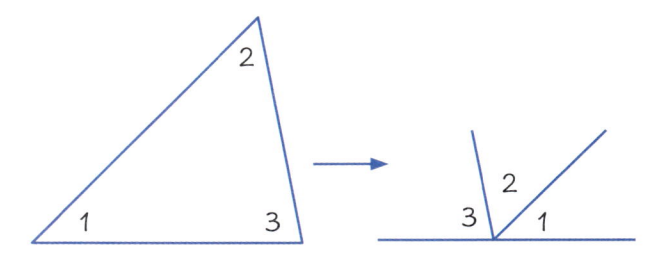

### 正確例二

一個三角形的3個角合起來是180度

正方形的4個角都是90度
可以分成2個一樣大的三角形

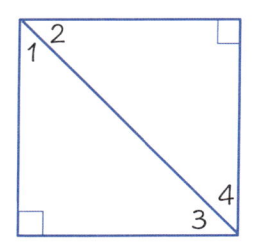

角1和角2一樣大，角1和角2合起來是90度，角1＝角2＝45°
角3和角4一樣大，角3和角4合起來是90度，角3＝角4＝45°
45＋45＝90　　90＋90＝180

**作答說明**

學童以正方形四個角都是直角，可以分割為2個一樣大的三角形，再說明分割後的三角形的3個角合起來是180度。

### 正確例三

一個三角形的3個角合起來是180度

(A) 三角板的形狀是三角形
　　我測量過2個三角板
　　一個是30°、60°、90°，合起來是180°
　　一個是45°、45°、90°，合起來也是180°

(B) 我有做過，三角形的3個角可以拼成一個平角，合起來是180度。

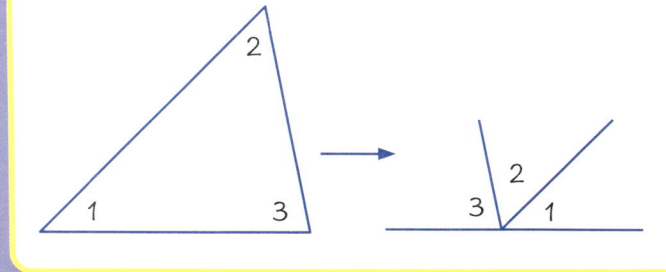

**作答說明**

(A) 學童以測量三角形3個角的角度的活動經驗，說明三角形的3個角合起來是180度。

(B) 學童以將三角形拼成一個平角的活動經驗，說明三角形的3個角合起來是180度。

## 部分正確

一個三角形的3個角合起來是180度
我測量過三角形的3個角合起來是180度

**作答說明**

學童雖然能正確回答三角形的3個角合起來是180度，但未清楚說明測量的方法。

## 回答錯誤一

三角形是180度
老師說過了

**作答說明**

學童未完整寫出「三角形的3個角合起來是180度」，只以「老師說過了」來說明。

## 回答錯誤二

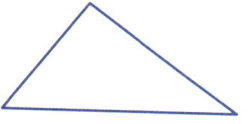

180度

**作答說明**

學童只寫出180度及畫出一個三角形，未完整回答問題及說明理由。

# 36 圖形是不是平行四邊形

　　君君畫了一個圖形（如下圖），他認為畫出的圖形是平行四邊形，浩浩對君君說：「你畫的圖形是一個四邊形，但不是平行四邊形。」

　　君君畫的圖形是不是平行四邊形？除了用兩雙對邊平行來確認，還可以用什麼方法？說明你的作法或想法。

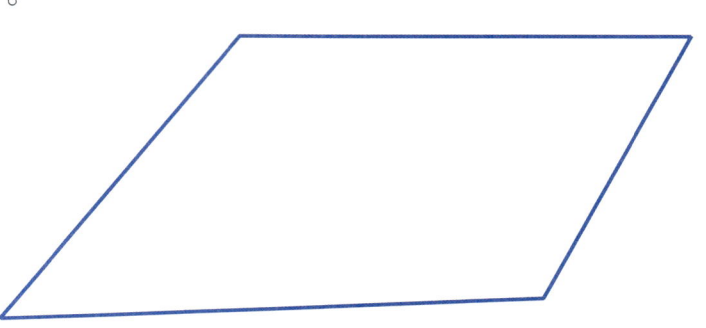

君君畫的圖形是不是平行四邊形？

我的作法或想法：

### 教授的留言板

　　學童認識平行四邊形從兩組對邊平行開始，現階段的學習是從兩組對邊的長短、對角的大小來瞭解。在構成要素（分析）期認識的平行四邊形有4條邊和4個角，在非形式演繹期的前期會對要素間關係，包括對邊、對角，進行探討；後期才會就2個圖形間關係，例如：平行四邊形和菱形，進行探討。學童對平行四邊形的描述，會直觀的提出兩組對邊都平行；本題的設計就限制在不能用兩雙對邊平行來確認，想瞭解學童能否用其他相關要素之間的關係來描述？這是想確認學童對平行四邊形特性的掌握程度。

## 學童作答舉隅

### 作答說明

學童知道平行四邊形的兩對邊相等、兩對角相等,並畫圖說明測量邊長及角度的結果,認為圖形不是平行四邊形。

#### 正確例一

君君畫的圖形不是平行四邊形
平行四邊形的對邊會一樣長
相對的2個角會一樣大

我測量了四邊形的4個邊
左右兩邊不一樣長
上下兩邊也不一樣長
也測量了4個角
左上角和右下角不一樣大
右上角和左下角不一樣大

上-6
130°  60°
左-5
右-4
50°  120°
下-7

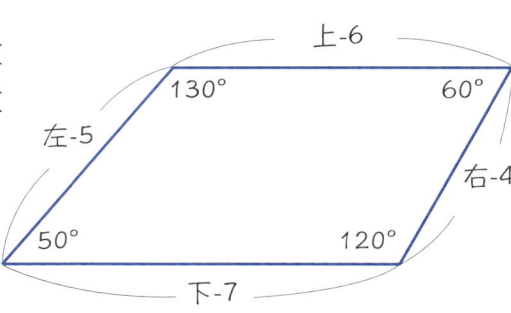

### 正確例二

君君畫的圖形不是平行四邊形

(A) 平行四邊形的對邊會一樣長
　　我測量了對邊不一樣長
　　7公分≠6公分
　　5公分≠4公分

（圖：四邊形，上邊6公分、右邊4公分、下邊7公分、左邊5公分）

君君畫的圖形不是平行四邊形

(B) 平行四邊形的對角相等
　　我測量了對角不一樣大
　　50°≠60°
　　120°≠130°

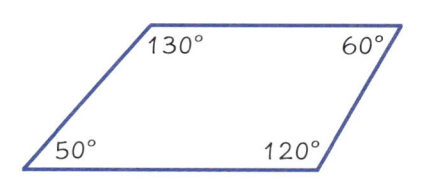

（圖：四邊形，左上130°、右上60°、左下50°、右下120°）

#### 作答說明

(A) 學童認為圖形不是平行四邊形，測量並畫圖說明四邊形的對邊不一樣長。

(B) 學童認為圖形不是平行四邊形，測量並畫圖說明四邊形的對角不相等。

### 部分正確

君君畫的圖形不是平行四邊形
平行四邊形的對邊會一樣長
相對的兩個角會一樣大

### 作答說明

學童知道平行四邊形的對邊相等、對角相等，但未清楚說明君君畫的圖形的對邊是否相等、對角是否相等。

### 回答錯誤一

君君畫的圖形是平行四邊形

看起來左右平行、上下平行
是平行四邊形

#### 作答說明

學童不清楚平行四邊形的對邊相等、對角相等，直觀以圖形的左右及上下兩邊平行，認為圖形是平行四邊形。

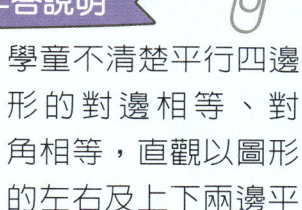

### 回答錯誤二

君君畫的圖形是平行四邊形

雖然圖形有一點歪，
和常見的平行四邊形不太一樣
但還是平行四邊形

#### 作答說明

學童不清楚平行四邊形的對邊相等、對角相等，認為圖形雖然與常見的不太相同，但直觀判斷圖形是平行四邊形。

# 37 小昕做的正方體

　　小昕想用卡紙做一個正方體，他在卡紙上先畫了正方體的展開圖，並剪下展開圖做成正方體（如下圖），小昕說：「正方體的乙面和戊面互相平行。」

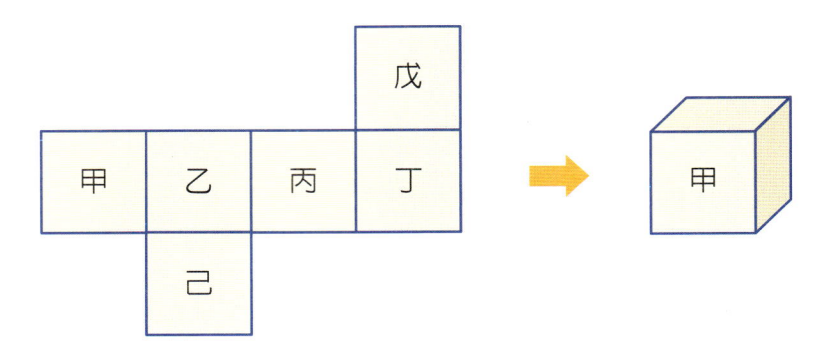

　　正方體的乙面和戊面互相平行嗎？寫下你的想法或作法。

正方體的乙面和戊面互相平行嗎？

我的想法或作法：

### 教授的留言板

　　學童在平面圖形中認識兩直線的平行、垂直關係，並且知道平行、垂直的定義。現階段的學習重點是認識空間中面與面的關係，以操作活動為主，探討生活中面與面平行或垂直的現象；特別是正方體、長方體中面與面的平行或垂直關係，也會在這些形體中進行相關性質的檢查。很多學童的空間概念並不好，不能掌握形體的哪些面互相平行、哪些面互相垂直；親師要多提供他們去觀察正方體、長方體中面的機會，並確認哪些面是平行？哪些面是垂直？學童還需有能力看懂平面上的立體圖形，才能知道哪些面平行或垂直？親師也要讓學童多進行操作活動，將正方體、長方體沿著邊剪開成展開圖，觀察形體上和展開圖的面做對應；此時並不要求學童窮盡認識所有正方體的展開圖。本題就在評量學童能否掌握正方體和其展開圖中面的對應，並能找到哪些面互相平行？

主題五：圖形與空間

## 學童作答舉隅

### 作答說明

學童知道正方體相鄰兩個面互相垂直，運用展開圖摺成正方體的歷程，說明乙面和戊面是相鄰的兩個面，乙面和戊面不是互相平行。

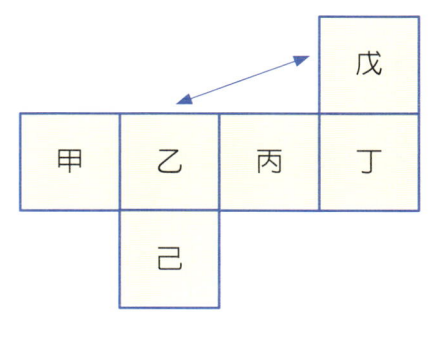

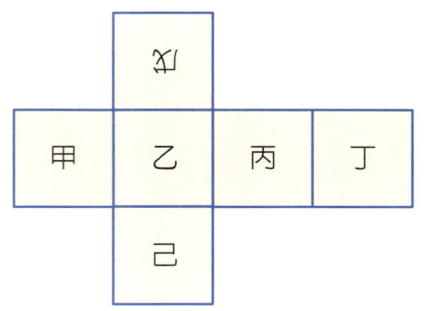

### 正確例一

正方體的乙面和戊面不是互相平行

把展開圖摺成正方體時
乙面和戊面會是相鄰的兩個面
正方體相鄰的兩個面互相垂直
乙面和戊面互相垂直

### 正確例二

正方體的乙面和戊面不是互相平行

我把展開圖的乙、丙、丁、戊、己，寫在正方體上

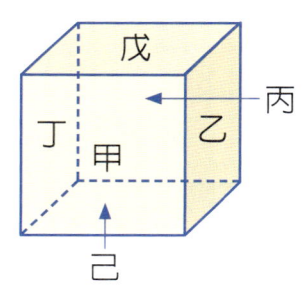

乙面和丁面互相平行，乙面和甲、丙、戊、己互相垂直。

**作答說明**

學童知道正方體各面之間的關係，將展開圖各面標示在正方體視圖，說明乙面和戊面不是互相平行。

### 部分正確

正方體的乙面和戊面不是互相平行

正方體的上、下兩面互相平行
左、右兩面互相平行
前、後兩面互相平行

**作答說明**

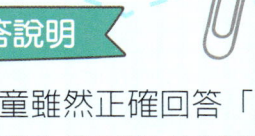

學童雖然正確回答「正方體的乙面和戊面不是互相平行」，但未清楚說明乙面和戊面不是互相平行的原因。

### 回答錯誤一

正方體的乙面和戊面互相平行

從展開圖可以看到乙和戊不是相鄰的兩個面

**作答說明**

學童不清楚展開圖摺成正方體後各面之間的關係，僅以乙面和戊面的展開圖看起來不相鄰，就認為正方體的乙面和戊面互相平行。

### 回答錯誤二

正方體的乙面和戊面互相平行

摺起來的正方體和乙面平行的是戊面

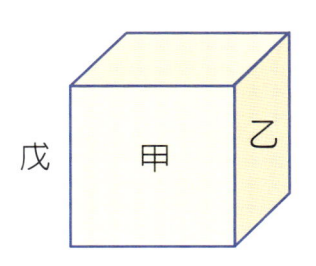

戊　甲　乙

**作答說明**

學童不清楚展開圖摺成正方體後各面之間的關係，認為正方體的乙面和戊面互相平行。

memo

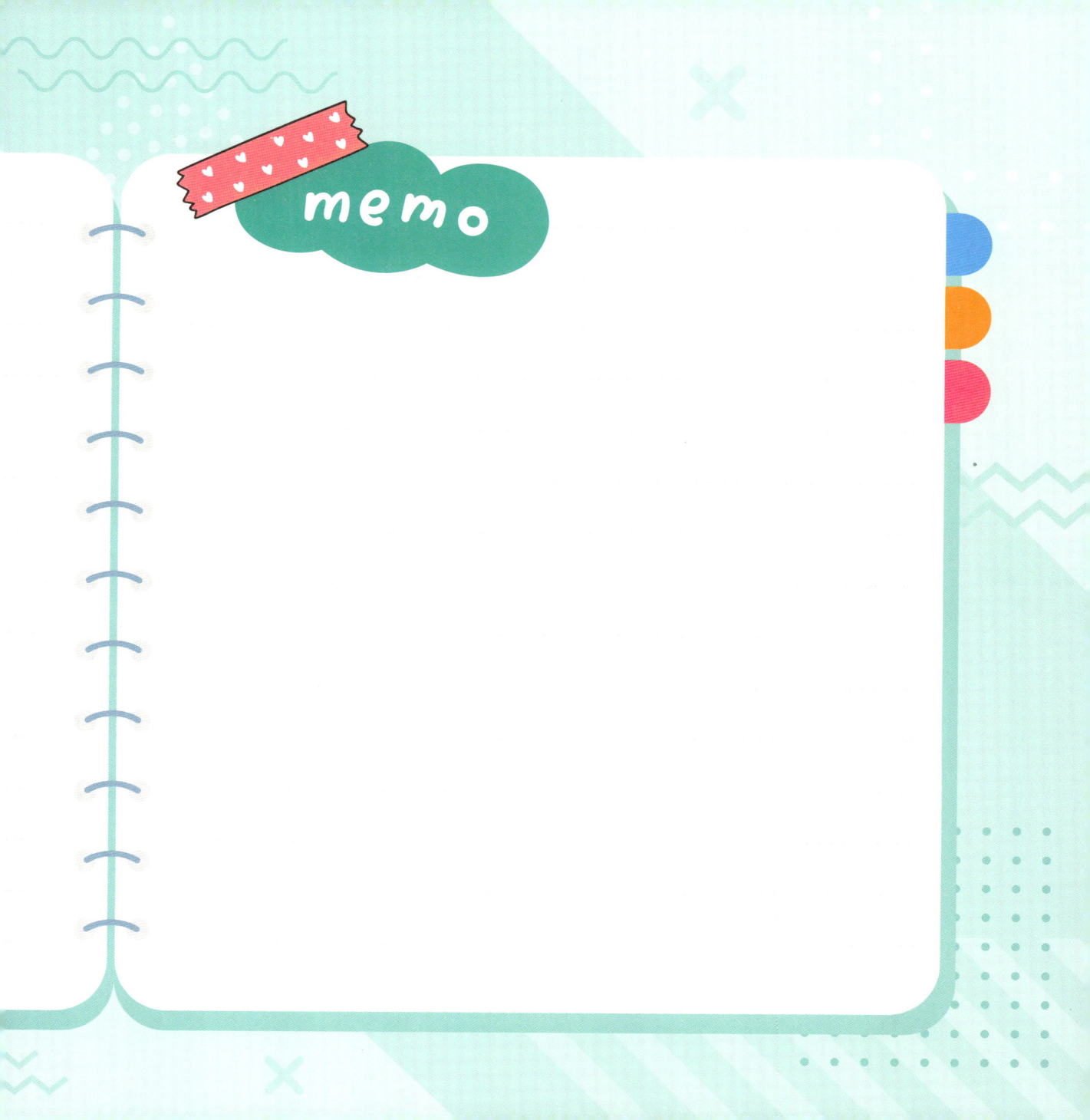

## 38 不知名稱的柱體

小霖記錄5個不同角柱的面、頂點和邊的個數（如下表），但他忘了寫出編號E的名稱和底面邊數。你知道編號E的名稱和底面邊數嗎？寫出編號E的名稱和底面邊數，並說明你的作法或理由。

| 柱體編號 | A | B | C | D | E |
|---|---|---|---|---|---|
| 柱體名稱 | 三角柱 | 四角柱 | 五角柱 | 六角柱 | |
| 底面邊數 | 3 | 4 | 5 | 6 | |
| 面的個數 | 5 | 6 | 7 | 8 | 10 |
| 邊的個數 | 9 | 12 | 15 | 18 | 24 |
| 頂點的個數 | 6 | 8 | 10 | 12 | 16 |

編號E的名稱和底面邊數？

我的作法或理由：

### 教授的留言板

　　學童從形體外觀的差別來辨識柱體、錐體後，還會分別去點數它們的頂點數、面數、邊數，以及觀察底面和側面的形狀。不同的柱體有共同的特徵，也有面、頂點、邊之間的數量關係，以及底面形狀的差異；不同的錐體也有共同的特徵，並有面、頂點、邊之間的數量關係，以及底面形狀的差異。學童對這些不同柱體或錐體的面數、頂點數、邊數之間的數量差異，要能察覺它們和該形體的相關性，這時候不宜要求學童死背有關面、頂點、邊之間數量關係的一般式，他們要到國中才會學習用符號表示的算式中符號是變數的概念。本題的設計提供了4個已知柱體的底面邊數以及面、邊、頂點的個數，讓學童可以從它們數量變化的差異中找到規律，並從未知柱體的部分訊息中，來推知柱體名稱及底面邊數。

主題五：圖形與空間

## 學童作答舉隅

### 正確例一

編號E是八角柱，底面有8個邊

從A、B、C、D的面、邊、頂點的個數可以知道
角柱底面邊數＋2是面的個數
角柱底面邊數×3是邊的個數
角柱底面邊數×2是頂點的個數
知道角柱底面邊數可以知道角柱底面的形狀，
也可以知道角柱名稱
面的個數－2、邊的個數÷3、頂點的個數÷2
10－2＝8　　24÷3＝8　　16÷2＝8
底面有8個邊，底面是8邊形，是八角柱

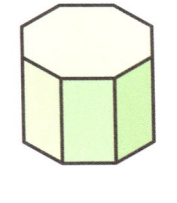

**作答說明**

學童由表格中的數據，知道角柱名稱、底面形狀、底面邊數和角柱的面數、邊數、頂點數的關係，並由面數、邊數、頂點數確認角柱的名稱。

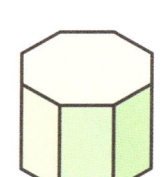

> **作答說明**
> (A)學童由表格中A到D面的個數，找出角柱底面邊數及角柱的名稱。
> (B)學童由表格中A到D邊的個數，找出角柱底面邊數及角柱的名稱。
> (C)學童由表格中A到D頂點的個數，找出角柱底面邊數及角柱的名稱。

## 正確例二

(A)編號E是八角柱，底面有8個邊
　　從A、B、C、D面的個數可以知道
　　角柱底面邊數＋2是面的個數
　　面的個數－2是角柱底面邊數
　　10－2＝8　　底面有8個邊，底面是8邊形，是八角柱

(B)編號E是八角柱，底面有8個邊
　　從A、B、C、D邊的個數可以知道
　　角柱底面邊數×3是邊的個數
　　邊的個數÷3
　　24÷3＝8　　底面有8個邊，底面是8邊形，是八角柱

(C)編號E是八角柱，底面有8個邊
　　從A、B、C、D頂點的個數可以知道
　　角柱底面邊數×2是頂點的個數
　　頂點的個數÷2
　　16÷2＝8　　底面有8個邊，底面是8邊形，是八角柱

### 部分正確

編號E是八角柱，底面有8個邊

從面的個數、邊的個數、頂點的個數可以知道

### 作答說明

學童雖然能正確回答角柱的名稱及底面邊數，但未清楚說明由角柱的面、邊、頂點的個數知道角柱名稱的方法。

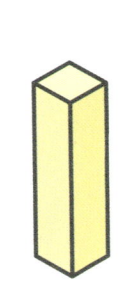

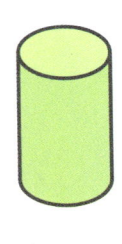

### 回答錯誤一

編號E是七角柱，底面有7個邊

A是三角柱、B是四角柱、
C是五角柱、D是六角柱
接下來會是七角柱

**作答說明**

學童無法由表格資料察覺角柱名稱與角柱的面、邊、頂點個數的關係，依表格中角柱名稱的順序回答。

### 回答錯誤二

編號E是十角柱，底面有10個邊

表格E有寫10，就是十角柱

**作答說明**

學童無法由表格資料察覺角柱名稱與角柱的面、邊、頂點個數的關係，以表格中編號E的數字回答角柱的名稱。

## 39 角柱角錐猜一猜

菲菲和宏宏玩「角柱、角錐，我說你猜」的遊戲，菲菲拿了一個形體說：「這個形體側面是長方形，它有12條邊和7個面。」宏宏想了想說：「沒有這種形體，你一定說錯了。」菲菲說：「啊！我說錯了側面的形狀。」

菲菲拿了什麼形體？你是如何判斷的？

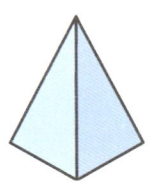

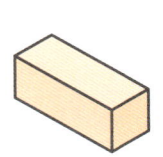

| 菲菲拿了什麼形體？ | 我判斷的方法： |
|---|---|
|  |  |

### 教授的留言板

　　學童認識了柱體、錐體特徵的異同，以及能辨認不同柱體和錐體，例如：三角柱、三角錐、四角柱、四角錐、……，它們頂點、邊、面的個數，還有底面的形狀和邊數。學童對每一種柱體可從底面的特性來推知頂點數、邊數、面數，例如：三角柱的底面是三角形，所以頂點有3×2＝6（個）、邊數有3×3＝9（個）、面數有3＋2＝5（個）；對每一種錐體也可從底面的特性來推知頂點數、邊數、面數，例如：三角錐的底面是三角形，所以頂點有3＋1＝4（個）、邊數有3×2＝6（個）、面數有3＋1＝4（個）。當然，柱體和錐體除了邊、面、頂點的個數外，還可從它們底面的個數、側面的形狀來辨別。本題是想評量學童對柱體、錐體的所有特徵能否掌握外，並能從局部的資訊推知角柱、角錐的名稱。

## 學童作答舉隅

### 正確例一

菲菲拿的形體是六角錐

菲菲說「側面是長方形」是錯的
角柱的側面是長方形、角錐的側面是三角形
菲菲拿的形體側面不是長方形
形體側面應該是三角形，形體是角錐
這個形體有7個面、12條邊
角錐的面數是底邊形狀邊數＋1
7－1＝6 底面邊數是6，是六角錐
6×2＝12 六角錐的邊數是12

**作答說明**

學童先由側面的形狀判斷形體是角錐，再由面的個數和邊的個數確認形體是六角錐。

### 正確例二

(A) 菲菲拿的形體是六角錐
　　菲菲說的「7個面、12條邊」是正確的
　　這個形體有7個面
　　角錐的面數是底邊形狀邊數＋1　7－1＝6
　　角柱的面數是底面形狀邊數＋2　7－2＝5
　　可能是六角錐或五角柱
　　六角錐的邊數是 6×2＝12
　　五角柱的邊數是 5×3＝15
　　所以是六角錐

(B) 菲菲拿的形體是六角錐
　　這個形體有12條邊
　　角錐的面數是底邊形狀邊數×2　　12÷2＝6
　　角柱的面數是底面形狀邊數×3　　12÷3＝4
　　可能是六角錐或四角柱
　　六角錐的面數是 6＋1＝7
　　四角柱的面數是 4＋2＝6
　　所以是六角錐

**作答說明**

(A) 學童先以形體的面數找出可能的形體，再由邊的個數確認形體是六角錐。

(B) 學童先以形體的邊數找出可能的形體，再由面的個數確認形體是六角錐。

### 部分正確

菲菲拿的形體是六角錐

從面的個數和邊的個數就可以知道

**作答說明**

學童知道由面的個數和邊的個數可以知道形體名稱,但未說明由面的個數和邊的個數確認形體的方法。

### 回答錯誤一

菲菲拿的形體是四角柱

側面是長方形，有12條邊

12÷3＝4

#### 作答說明

學童知道角柱的側面是長方形，及角柱名稱和角柱邊數之間的關係，但未注意題目訊息，也未由面的個數確認形體。

### 回答錯誤二

菲菲拿的形體是五角柱

側面是長方形，有7個面

7－2＝5

#### 作答說明

學童知道角柱的側面是長方形，及角柱名稱和角柱面數之間的關係，但未注意題目訊息，也未由邊的個數確認形體。

## 40 藍色三角形蕾絲領巾

琪琪買了一塊長150公分、寬60公分的長方形藍色零碼蕾絲布，想做一條三角形蕾絲領巾，琪琪說：「150×60＝9000，這塊長方形蕾絲布面積是9000平方公分，應該可以直接剪出一塊面積5000平方公分的三角形。」

琪琪買的長方形藍色零碼蕾絲布可以剪出一塊面積5000平方公分的三角形蕾絲領巾嗎？說明你的作法。

長方形藍色零碼蕾絲布可以剪出一塊面積 **5000** 平方公分的三角形蕾絲領巾嗎？

我的作法：

### 教授的留言板

　　學童學會正方形、長方形、三角形的面積公式，也瞭解同底、等高的面積關係；他們就可以透過這些概念，進行生活中相關問題的解題。學童通常是先學正方形、長方形的面積公式，再學三角形。首先是讓他們觀察任意三角形和長方形的關聯，察覺三角形的底和高、長方形的長和寬，這兩個圖形之間底和長、高和寬彼此的關係，從而形成三角形面積公式和長方形面積公式的關聯。學童學習三角形、長方形兩個面積公式的關聯，會從有格子的到沒有格子的來學習；在沒有格子時的探討，要特別注意三角形剪一刀或二刀能否和底邊垂直？這也攸關到三角形高的定義。本題就在評量學童對三角形面積的瞭解，並能掌握三角形和長方形的可能關聯。

主題五：圖形與空間

## 學童作答舉隅

**作答說明**

學童知道長方形的長、寬和三角形底、高之間的關係，並以三角形面積公式算出三角形的最大面積來說明。

### 正確例一

長方形藍色零碼蕾絲布不能剪出一塊面積5000平方公分的三角形蕾絲領巾

因為要剪一塊
三角形的底最多只能和長方形的長一樣長
三角形的高最多只能和長方形的寬一樣長

150 × 60 ÷ 2 ＝ 9000 ÷ 2 ＝ 4500
長方形能剪出的三角形最大面積是4500平方公分
4500＜5000

### 正確例二

長方形藍色零碼蕾絲布不能剪出一塊面積5000平方公分的三角形蕾絲領巾

三角形面積公式是底×高÷2
三角形面積×2要小於長方形面積
長方形面積150×60＝9000
5000×2＝10000
9000＜10000

**作答說明**

學童知道長方形的長、寬和三角形底、高之間的關係，並以三角形面積的2倍會大於長方形面積來說明。

### 部分正確

長方形藍色零碼蕾絲布可以剪出一塊面積5000平方公分的三角形蕾絲領巾

150×60÷2＝4500　　4500＜5000

**作答說明**

學童能運用三角形面積公式算出三角形的面積，但因誤解比較的結果而回答錯誤。

### 回答錯誤一

長方形藍色零碼蕾絲布可以剪出一塊面積 5000平方公分的三角形蕾絲領巾

150 × 60 = 9000　　9000 > 5000

**作答說明**

學童不清楚長方形的長、寬和三角形底、高之間的關係，計算長方形面積，並以長方形面積大於三角形面積來說明。

### 回答錯誤二

長方形藍色零碼蕾絲布可以剪出一塊面積 5000平方公分的三角形蕾絲領巾

三角形面積公式要 ÷2　　5000 ÷ 2 = 2500
150 × 60 = 9000　　　9000 > 2500

**作答說明**

學童不理解三角形面積公式的意義，算出錯誤的三角形面積，並比較算出的三角形面積和長方形面積。

memo

## 41 彩繩圍成的梯形

小杰用一條40公分長彩繩圍成一個梯形（如下圖），梯形左、右兩邊長8公分和10公分，彩繩圍成的梯形面積有多大？寫下你的作法。

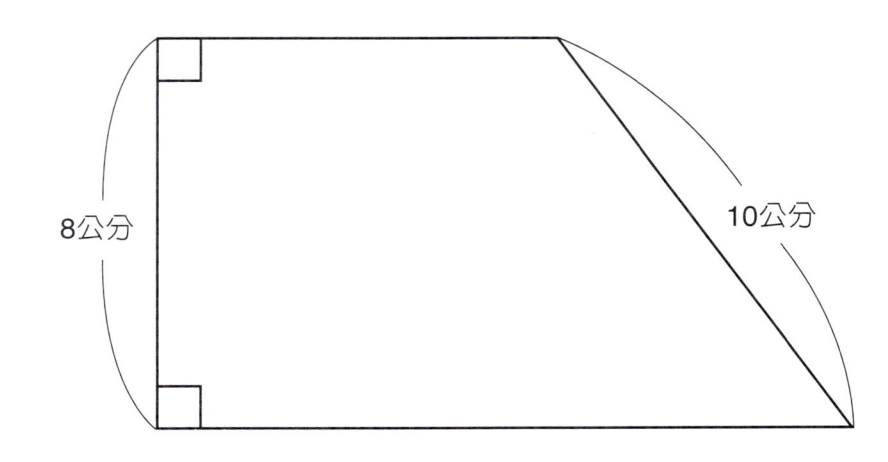

8公分　　10公分

彩繩圍成的梯形面積有多大？

我的作法：

### 教授的留言板

　　學童最熟悉以繩子圍圖形，大都是圍正方形、長方形的問題。現在換成用繩子圍梯形，他們必須對梯形的構成要素、特性或性質相當瞭解。梯形只有一組對邊平行，學童掌握了上底、下底、高，就能求算它的面積。梯形的高就是那組平行對邊的最短距離，也就是垂直距離。學童習慣了不假思索做傳統應用題，直接用題目中的上底、下底、高來求解，這樣不能表示他們有梯形相關的正確概念，就能在建構反應題正確且靈活的來思考解題。本題的評量目標是想瞭解學童能否理解梯形面積的公式？能從題目中找到解題相關的線索。

## 學童作答舉隅

### 正確例一

彩繩圍成的梯形面積是88平方公分

計算梯形面積公式（上底＋下底）×高÷2
40公分扣除8公分和10公分，就是上底和下底合起來的長
40－8－10＝22
彩繩圍的梯形高是8公分
22×8÷2＝176÷2＝88

**作答說明**

學童知道梯形面積公式的意義，直接以上底和下底的和是22，正確算出梯形面積。

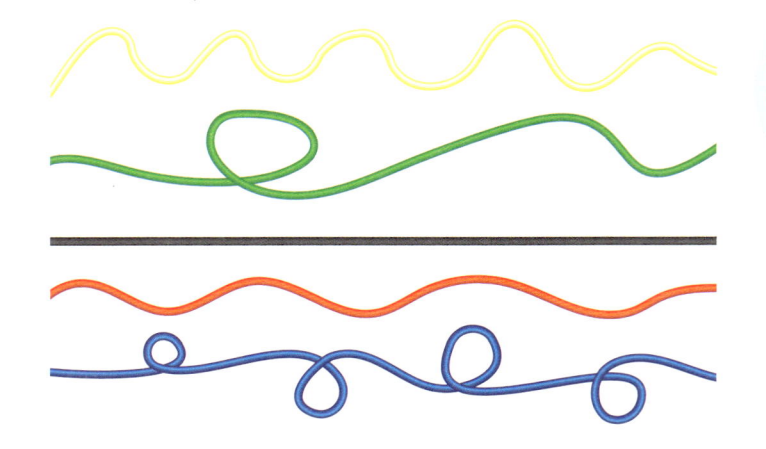

**作答說明**

學童知道梯形面積公式的意義，由上下底的和是22，假設上底、下底的長度，正確算出梯形面積。

### 正確例二

彩繩圍成的梯形面積是88平方公分

計算梯形面積公式（上底＋下底）×高÷2
彩繩圍的梯形高是8公分
40公分扣除8公分和10公分，就是上底和下底合起來的長
40－8－10＝22

(1) 如果上底是8公分、下底會是14公分
　　(8＋14)×8÷2＝22×8÷2＝176÷2＝88
(2) 如果上底是9公分、下底會是13公分
　　(9＋13)×8÷2＝22×8÷2＝176÷2＝88
(3) 如果上底是10公分、下底會是12公分
　　(10＋12)×8÷2＝22×8÷2＝176÷2＝88
　　所以，一定是88平方公分

### 部分正確

彩繩圍成的梯形面積110平方公分

彩繩長40公分
40－8－10＝22
22是梯形的上底和下底
梯形面積是(上底＋下底)×高÷2
22×10÷2＝220÷2＝110

**作答說明**

學童知道梯形面積公式，並正確算出上、下底的和，但計算面積時的「高」不正確，算錯梯形面積。

### 回答錯誤一

彩繩圍成的梯形面積72平方公分
(8＋10)×8÷2＝18×8÷2＝144÷2＝72

**作答說明**

學童不理解梯形面積公式的意義，將題目出現的數字套入梯形面積公式計算，算出錯誤的梯形面積。

### 回答錯誤二

彩繩圍成的梯形面積104平方公分

梯形可以切成正方形和三角形
$8 \times 8 = 64$
$10 \times 8 \div 2 = 40$
$64 + 40 = 104$

**作答說明**

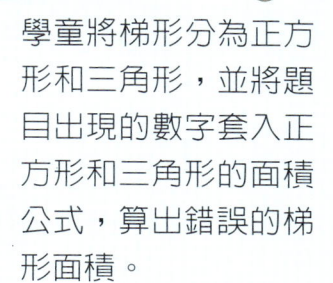

學童將梯形分為正方形和三角形，並將題目出現的數字套入正方形和三角形的面積公式，算出錯誤的梯形面積。

## 42 珊珊畫的圖形

珊珊利用下課時間畫了一個圖形（如下圖左），他指著圖形對媛媛說：「我畫了一個扇形。」媛媛在圖形內畫了2條線，用尺量了量幾條線的長度後（如下圖右），媛媛對珊珊說：「你畫的圖形不是扇形。」珊珊和媛媛誰說的正確？你是如何判斷的？

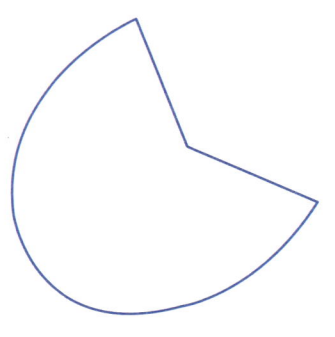

珊珊畫的圖形

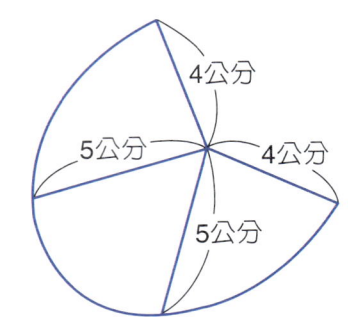

媛媛畫了2條線並用尺測量

| 珊珊和媛媛誰說的正確？ | 我判斷的方法： |

### 教授的留言板

　　學童認識扇形是先從幾分之一圓的直觀開始，接著是認識它的構成要素包括邊的長度、頂點和弧的概念，都是用圓的構成要素的部分來描述，最後再以圓心角大小來描述扇形大小。學童往往不能全面掌握扇形的構成要素，僅用局部條件或直觀就進行判斷；從此處也可瞭解他們的學習狀況，用記憶解題者若碰到非例行性的建構反應題就有困難，有概念解題者較有能力處理需要思考的問題。親師可提供一些小於或大於90度的正例、反例，多讓學童分析和探討，以提升他們思考扇形所應有的條件，而不是無感的記憶扇形定義。本題的設計在題目中提供了重要的訊息，學童可以直接判斷外，也可以用扇形的構成要素來處理。

主題五：圖形與空間

## 學童作答舉隅

### 正確例一

媛媛說的正確

我知道扇形是圓的一部分
圓心到弧的直線長度會一樣長，是圓的半徑
雖然扇形的兩邊一樣長都是4公分
但是媛媛畫的2條線是圓心到弧的直線是5公分
5公分和4公分不一樣長
珊珊畫的圖形不是扇形

**作答說明**

學童知道扇形的意義，以圓心到弧的直線是圓的半徑，半徑長度會一樣長來說明。

### 正確例二

媛媛說的正確

我知道扇形是圓的一部分
珊珊畫的圖形的兩邊一樣長
我用圓規以圖形的邊長為半徑來畫扇形
畫出的弧和珊珊畫的圖形沒有疊在一起
珊珊畫的圖形不是扇形

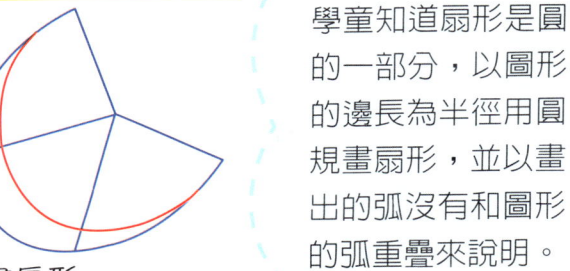

**作答說明**

學童知道扇形是圓的一部分，以圖形的邊長為半徑用圓規畫扇形，並以畫出的弧沒有和圖形的弧重疊來說明。

### 部分正確

珊珊、媛媛說的都正確
珊珊想畫扇形
扇形圓心到弧的直線長度會一樣長
媛媛測量的圖形長度不一樣，不是扇形

**作答說明**

學童知道扇形的圓心到弧的直線長度會一樣長，但未將媛媛測量的圖形認為是珊珊畫的圖形，因此認為2人都正確。

### 回答錯誤一

珊珊說的正確

珊珊畫的圖形有2條邊和一個弧
而且2條邊一樣長

**作答說明**

學童不清楚扇形的意義，認為有2條一樣長的邊和一條曲線圍成的圖形就是扇形。

### 回答錯誤二

珊珊說的正確

珊珊畫的是扇形
媛媛多畫了2條線，讓扇形多了2條線

**作答說明**

學童不清楚扇形的意義，直觀認為珊珊畫的是扇形，媛媛多畫了2條線。

memo

## 43 原味海綿蛋糕

磊磊買了一個圓形的原味海綿蛋糕,他和朋友吃掉了 $\frac{4}{5}$ 個原味海綿蛋糕,剩下 $\frac{1}{5}$ 個原味海綿蛋糕(如下圖)。

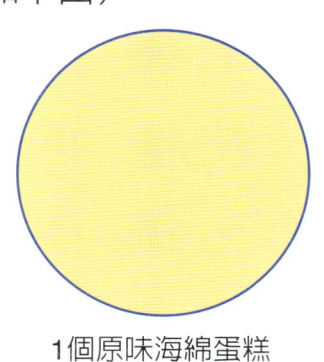

1個原味海綿蛋糕 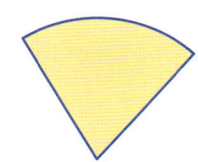　　　　　剩下的 $\frac{1}{5}$ 個

請畫出吃掉的 $\frac{4}{5}$ 個圓的扇形,並說明你畫的方法。

畫出 $\frac{4}{5}$ 個圓的扇形：

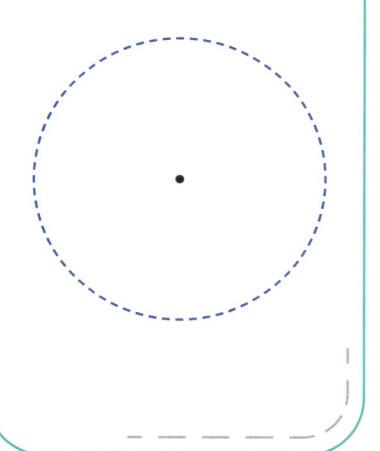

我畫的方法：

### 教授的留言板

　　學童對扇形概念掌握到位，才能運用這些概念來繪製它，通常要先確知頂點在哪裡、邊有多長、圓心角大小，以及會用圓規畫弧。學童較常接觸小於180度圓心角的扇形，較不習慣處理大於180度的扇形；親師可多提供這兩類的扇形，讓他們多觀察異同，引導確認頂點、邊長可以一樣或不一樣，但差異就在圓心角和弧長。學童除了要能知道扇形的邊有多長外，還要認識周角和圓心角的關係，並知道幾分之幾圓的圓心角是多少，才能畫出指定的扇形。本題的設計就是一個指定的扇形，學童要觀念清楚，且能解讀題目中提供的訊息，正確完成答題就不是困難的事。

主題五：圖形與空間

## 學童作答舉隅

### 正確例一

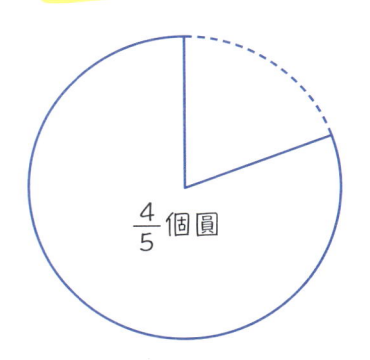

$\frac{4}{5}$ 個圓

一個圓的圓心角是360度

$\frac{4}{5}$ 是4個 $\frac{1}{5}$

$360 \times \frac{1}{5} = 72$

$72 \times 4 = 288$

我用量角器量出288度
畫出扇形的兩邊，
再畫出扇形的弧

**作答說明**

學童運用整數乘以單位分數算出 $\frac{1}{5}$ 圓扇形的圓心角，再運用乘法算出 $\frac{4}{5}$ 圓扇形的圓心角，以圓心角畫出扇形的兩邊，並正確畫出 $\frac{4}{5}$ 圓扇形。

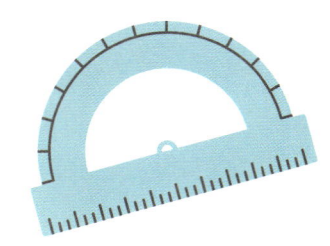

### 正確例二

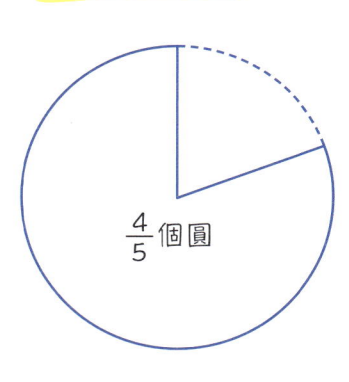

$\frac{4}{5}$個圓

一個圓的圓心角是360度
我先算剩下的$\frac{1}{5}$個圓的圓心角
$360 \times \frac{1}{5} = 72$
$360 - 72 = 288$
我用72度先畫$\frac{4}{5}$圓扇形的2條邊
再畫出$\frac{4}{5}$圓扇形的弧

### 作答說明

學童運用整數乘以單位分數算出$\frac{1}{5}$圓扇形的圓心角，再運用圓心角畫出$\frac{4}{5}$圓扇形的兩邊，並正確畫出$\frac{4}{5}$圓扇形。

### 部分正確

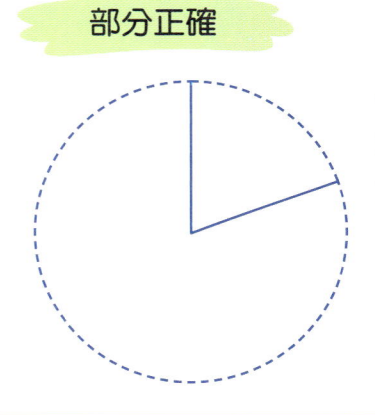

一個圓的圓心角是360度
360 ÷ 5 = 72
72 × 4 = 288

**作答說明**

學童能算出 $\frac{4}{5}$ 個圓的圓心角，但只畫出 $\frac{4}{5}$ 圓扇形的兩邊，未畫出扇形的弧。

### 回答錯誤一

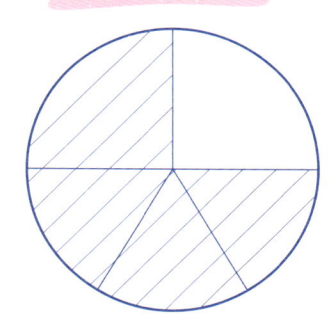

我先畫完整一個圓
再將圓分成5份
其中的4份
就是 $\frac{4}{5}$ 個圓扇形

**作答說明**

學童先畫出一個圓，但未將圓等分為5份，並畫出錯誤的 $\frac{4}{5}$ 圓扇形。

### 回答錯誤二

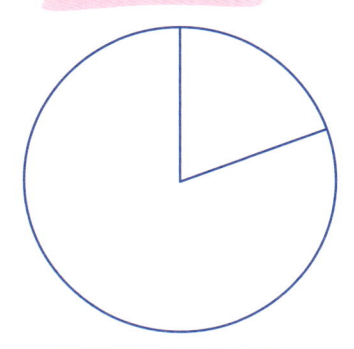

我先畫一個圓
再算出 $\frac{4}{5}$ 個圓
就可以畫出扇形

**作答說明**

學童先畫出一個圓，並將圓分割成兩部分，也未清楚說明如何畫出 $\frac{4}{5}$ 圓扇形。

## 44 積木的體積

妮妮拿到2個積木,他想比較綠色積木和黃色積木的體積,用尺測量了積木的幾個邊的邊長(如下圖)後,妮妮說:「綠色積木的體積是6×12×6,黃色積木的體積是12×6×6,2個積木的體積一樣大。」

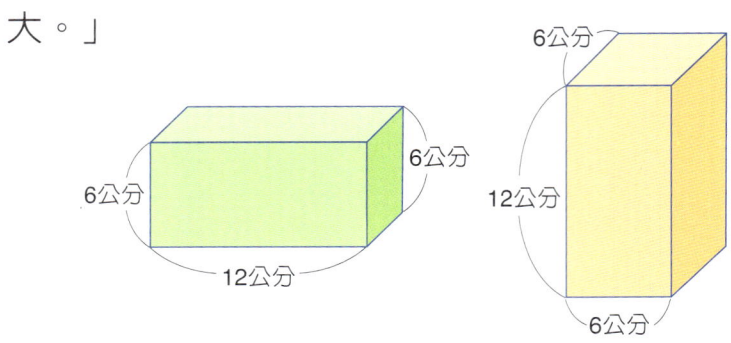

妮妮的算法和說法正確嗎?你是如何判斷的。

| 妮妮的算法和說法正確嗎？ | 我判斷的方法： |
|---|---|
|  |  |

### 教授的留言板

　　學童學習長方體的體積，會先從1立方公分的小積木堆疊開始，再將點數後的總數量用一排有幾個、有幾排、有幾層小積木的乘法算式表示；接著引導他們觀察長方體的長、寬、高和乘法公式的關聯，進而建立長方體體積公式。學童運用長方體體積公式時，腦中需有小積木在長、寬、高3個向度堆疊的心像；親師可先從3個維度的邊都排滿，再逐漸減少到沒有小積木，幫助他們在有概念下能抽象化。學童常常不認真去確認長方體的長、寬、高在哪裡，只要看到形體上3個數字就直接去相乘，忽視長方體體積公式的概念，變成機械式反應的解題。本題就在瞭解學童對長方體體積公式的表現，屬於概念式理解還是機械式操作？

主題五：圖形與空間

## 學童作答舉隅

### 正確例一

妮妮的算法和說法不正確

長方體的體積可以用長×寬×高算出來
綠色積木的12是長，但2個6都是高，少了寬
無法用6×12×6算出綠色積木的體積
黃色積木的長是6、寬是6、高是12
長×寬×高＝高×長×寬
12×6×6＝432　黃色積木體積432立方公分
2個積木的體積無法知道是否一樣大

**作答說明**

學童知道長方體體積公式的意義，並以綠色積木有2個高，少了寬來說明。

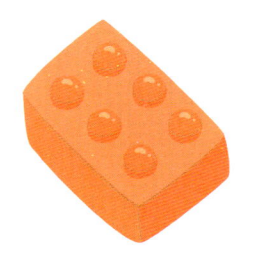

### 正確例二

妮妮的算法和說法不正確

長方體的體積有12個邊，可以分成三組，每一組有4個一樣長的邊
用三組邊的長度，可以算出長方體的體積
綠色積木2個6是同一組的邊長，12是另一組的邊長
不知道第三組的邊長是多少
不能算出綠色積木的體積
黃色積木的三組邊長分別是6、6、12
12×6×6＝432　　黃色積木體積432立方公分
2個積木的體積無法知道是否一樣大

**作答說明**

學童知道長方體有12個邊、三組邊長，並知道長方體體積的計算方法，以綠色積木的2個6是長方體同一組邊的邊長來說明。

### 部分正確

妮妮的算法和說法不正確

長方體體積要用長×寬×高來算

**作答說明**：學童知道長方體體積公式，也能正確回答問題，但未以2個積木的長、寬、高來說明。

### 回答錯誤一

妮妮的算法和說法正確

長方體體積要長×寬×高

6×12×6＝432　　12×6×6＝432

2個積木的體積一樣大

**作答說明**：學童不理解長方體體積公式的意義，認為妮妮的算法正確，並用妮妮的算法算出答案，以答案說明2個積木的體積一樣大。

### 回答錯誤二

妮妮的算法和說法正確

我和妮妮的算法一樣

2個積木的體積看起來一樣大

**作答說明**：學童未說明長方體體積的計算方法，以算法一樣及2個積木的體積看起來一樣大來說明。

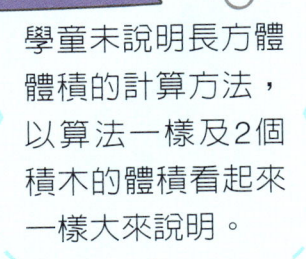

memo

# 45 不同顏色積木的表面積

維維想比較邊長1公分橘色正方體積木、邊長2公分綠色正方體積木的體積和表面積（如下圖），他測量了2個積木的邊長後，他說：「橘色積木的體積是1×1×1，綠色積木的體積是2×2×2，綠色積木的體積是橘色積木體積的8倍，表面積應該也是8倍。」

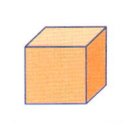

邊長1公分 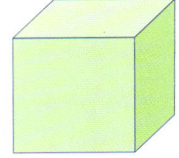　　　邊長2公分

綠色積木的表面積是橘色積木的表面積的幾倍？你是如何知道的？把你的想法或作法寫下來。

| 綠色積木的表面積是橘色積木的表面積的幾倍？ | 我的想法或作法： |
|---|---|
| | |

### 教授的留言板

　　學童學習正方形的周長和面積、正方體的體積和表面積，常常只是記憶公式，不是以概念性理解來解題；他們最常見的迷思概念就是周長一樣、面積一樣，體積一樣、表面積一樣。親師可以強化學童對周長、面積、體積、表面積的心像，從心像去連結相關的公式，就可減少他們用直覺來解題的錯誤。親師多利用需思考和推理的建構反應題，來評量學童對概念掌握、靈活運用的學習狀況，這是非常重要的；不要只是用例行性題目來評量學童，他們可能靠熟練、記憶等來解題。本題的評量目標是想瞭解學童對體積、表面積概念的掌握，他們能否判斷題目中的問題？

## 學童作答舉隅

### 正確例一

綠色積木的表面積是橘色積木的表面積的4倍

正方體的體積是邊長×邊長×邊長
正方體的表面積是邊長×邊長×6
2個正方體體積的倍數關係，應該和表面積的倍數不一樣

因為表面積的×6相同，只要比較邊長×邊長
1×1=1　2×2=4　4÷1=4
邊長2公分正方體的表面積是
邊長1公分正方體的表面積的4倍

**作答說明**

學童知道正方體的體積和表面積的計算方法不同，以2個正方體表面積只需比較邊長×邊長，並算出兩者的倍數關係來說明。

### 正確例二

綠色積木的表面積是橘色積木的表面積的4倍

正方體的表面積是邊長×邊長×6
橘色積木的表面積是1×1×6＝6（平方公分）
綠色積木的表面積是2×2×6＝24（平方公分）
24÷6＝4　是4倍

**作答說明**

學童知道正方體表面積的計算方法，正確算出2個正方體積木的表面積及倍數關係。

### 部分正確

綠色積木的表面積是橘色積木的表面積的4倍

正方體的表面積是邊長×邊長×6

**作答說明**

學童知道正方體表面積的計算方法，也正確回答2個積木的倍數關係，但未清楚說明綠色積木的表面積為何是橘色積木的表面積的4倍。

### 回答錯誤一

綠色積木的表面積是橘色積木的表面積的8倍

體積8倍，表面積也8倍

**作答說明**

學童不理解正方體的體積和表面積的計算方法不同，認為體積8倍，表面積也8倍。

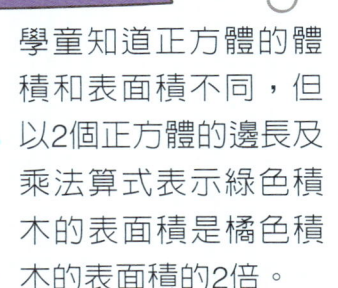

### 回答錯誤二

綠色積木的表面積是橘色積木的表面積的2倍

體積和表面積不同，要看邊長

2×1＝2

**作答說明**

學童知道正方體的體積和表面積不同，但以2個正方體的邊長及乘法算式表示綠色積木的表面積是橘色積木的表面積的2倍。

### 回答錯誤三

綠色積木的表面積是橘色積木的表面積的24倍

正方體的表面積是邊長×邊長×6

2×2×6＝24

**作答說明**

學童知道正方體表面積的計算方法，但認為綠色正方體表面積就是橘色正方體表面積的倍數。

memo

## 46 積木的堆疊

奇奇和沐沐分別用8個邊長1公分的正方體，堆出不同的形體（如下圖）。

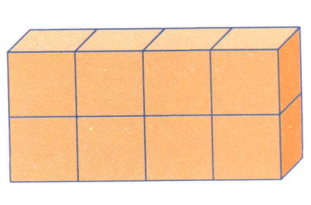

奇奇堆的積木 　　　沐沐堆的積木

奇奇說：「這2個形體的體積都一樣大。」

沐沐說：「這2個形體的表面積都一樣大。」

奇奇和沐沐的說法正確嗎？你是如何判斷的？

奇奇和沐沐的說法正確嗎？

我判斷的方法：

### 教授的留言板

　　學童對小正方體積木堆疊的形體，要能察覺出它們堆疊的方式，以及觀察出積木的數量外，還要能知道形體的體積和表面積。學童很容易從小積木的體積推算出形體的體積，但從小積木的表面積推算形體的表面積就不是那麼容易，當然他們也可以從形體直接求算體積和表面積。若積木堆疊出來的形體是正方體或長方體，學童只要能掌握形體的長、寬、高，應該求算體積和表面積不是很困難；若積木堆疊出來的形體不是正方體或長方體，他們就須從切割、填補等來求算體積和表面積。本題的設計在用數量一樣的積木堆疊出不同的2個形體，以瞭解學童是如何來比較這2個形體的體積和表面積？

主題五：圖形與空間

## 學童作答舉隅

**作答說明**

學童知道形體體積、表面積的意義，計算2個形體的體積來說明2個形體體積一樣大；知道積木相連時表面積會減少，以比較2個形體減少的面，說明2個形體表面積不一樣。

### 正確例一

奇奇說的正確，沐沐說的不正確

奇奇堆的積木是一個長方體，體積是 $4 \times 1 \times 2 = 8$
沐沐堆的積木兩層不一樣多，可以分成2個長方體
體積是 $5 \times 1 \times 1 + 3 \times 1 \times 1 = 5 + 3 = 8$
2個形體的體積都一樣大

1個積木的表面積是正方體6個面的面積和
2個積木相連會比2個積木分開的表面積少相連2個面的面積

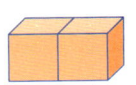

奇奇堆的積木 有 $3+4+3=10$ 個面相連
會比8個積木分開的表面積少了20個面的面積
沐沐堆的積木 有 $2+3+4=9$  9個面相連
會比8個積木分開的表面積少了18個面的面積
奇奇堆的積木會比沐沐堆的積木，表面積少2個面
2個形體的表面積不一樣大

### 作答說明

學童知道形體體積、表面積計算的方法,以算出及比較2個形體的體積和表面積來說明。

#### 正確例二

奇奇說的正確,沐沐說的不正確

2個形體都是8個積木
體積都是1×1×1×8=8(立方公分)
2個形體的體積一樣大
奇奇堆的積木的表面積
4×2+1×2+4×1=14　14×2=28(平方公分)
沐沐堆的積木的表面積
1×1×(5+3)+1×2+5×1=15　15×2=30(平方公分)　28<30
2個形體的表面積不一樣大

### 作答說明

學童雖然知道形體的體積一樣大時,形體的表面積不一定一樣大,也能正確回答,但未清楚說明題目中2個形體的體積與表面積的關係。

#### 部分正確

奇奇說的正確,沐沐說的不正確

2個形體的體積一樣大,
2個形體的表面積不一定一樣大

### 回答錯誤一

奇奇和沐沐說的都正確

同樣的積木堆出來的形體，體積和表面積都一樣大

**作答說明**

學童不清楚體積一樣大時，表面積不一定一樣大，認為同樣的積木堆出的形體，體積和表面積都會一樣大。

### 回答錯誤二

奇奇和沐沐說的都不正確

他們沒有算出體積和表面積
不知道體積和表面積是不是一樣大
要計算出體積和表面積才能比較

**作答說明**

學童認為必須算出形體的體積和表面積才能比較，但未寫出形體體積和表面積的計算，也未比較2個形體的體積和表面積。

memo

## 47 安熙畫的圖形

安熙畫了一個圖形（如下圖左），他告訴小莉：「我先畫紅色線當對稱軸，再畫出對稱軸兩邊的圖，我畫的圖是線對稱圖形。」小莉在圖形上寫上A～L（如下圖右）並對安熙說：「我覺得應該要量一量這個圖形的邊和角，才能確定。」

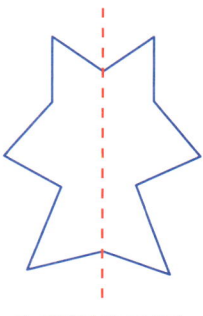

安熙畫的圖形

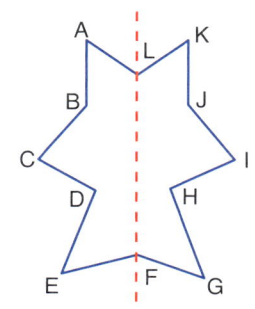

小莉在安熙畫的圖形標上A~L

安熙畫的圖形是線對稱圖形嗎？你是如何判斷的？

| 安熙畫的圖形是線對稱圖形嗎？ | 我判斷的方法： |

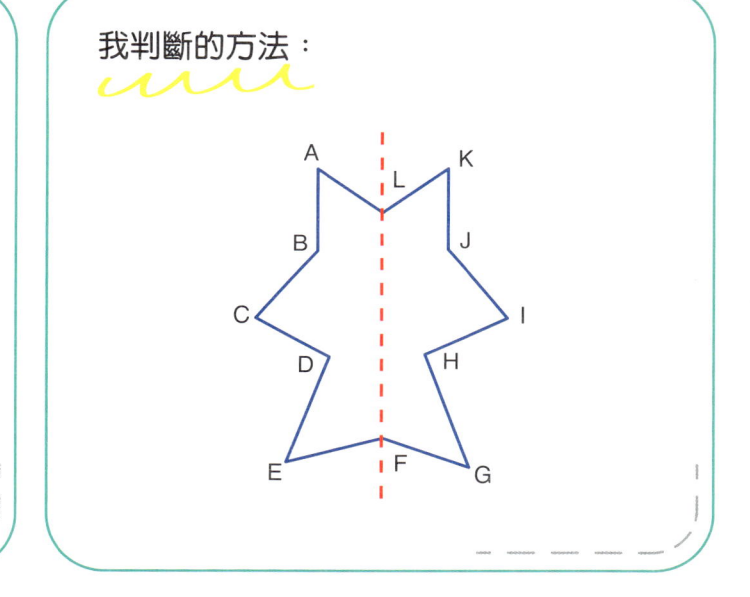

### 教授的留言板

　　學童是從直觀判斷，再從對摺操作來認識線對稱圖形，它的特徵是圖形對摺以後可以完全疊合（不看內部的圖形、顏色等），這條對摺的線就是對稱軸。線對稱圖形就是指該圖形有對稱的性質，但是圖形跟圖案是有所區別的；很多國家的國旗是長方形、三角形等，判斷哪些是對稱圖形？應該要忽略這些國旗的圖案和顏色等。學童通常是從生活中的圖卡（內部有圖形、顏色等）作為初步的直觀認識，待他們學過圖形的對稱軸，經過對摺就可完全疊合、周界重合，來認識線對稱圖形的概念後，親師應提升他們的線對稱圖形中所謂圖形概念，平面圖形是幾何概念的二維表徵。學童進一步就會學習線對稱圖形的對稱軸、對稱點、對稱邊、對稱角等概念，本題評量目標是在瞭解他們的線對稱圖形概念，能否從邊、角來判斷題目中的圖形？

## 學童作答舉隅

### 正確例一

安熙畫的圖形不是線對稱圖形

我知道線對稱圖形的對稱邊一樣長、對稱角會一樣大
(1)用直尺量圖形對稱軸的左、右的邊
　　$\overline{AL}=\overline{KL}$　$\overline{AB}=\overline{KJ}$　$\overline{BC}=\overline{JI}$　$\overline{CD}\neq\overline{IH}$　$\overline{DE}\neq\overline{HG}$　$\overline{EF}\neq\overline{GF}$
　　這個圖形有的對稱邊不一樣長
(2)用量角器量圖形對稱軸的左、右的角
　　$\angle A=\angle K$　$\angle B=\angle J$　$\angle C\neq\angle I$　$\angle D\neq\angle H$　$\angle E\neq\angle G$
　　這個圖形有的對稱角不一樣大
　　圖形不是線對稱圖形

### 作答說明

學童知道線對稱圖形的對稱邊一樣長、對稱角一樣大，測量圖形畫的對稱軸左、右各邊的邊長和各角的角度，並以測量的結果判斷圖形不是線對稱圖形。

### 正確例二

(A) 安熙畫的圖形不是線對稱圖形
我知道線對稱圖形的對稱邊一樣長
用直尺量圖形對稱軸的左、右的邊
$\overline{AL} = \overline{KL}$　$\overline{AB} = \overline{KJ}$　$\overline{BC} = \overline{JI}$　$\overline{CD} \neq \overline{IH}$　$\overline{DE} \neq \overline{HG}$　$\overline{EF} \neq \overline{GF}$
這個圖形有的對稱邊不一樣長
圖形不是線對稱圖形

(B) 安熙畫的圖形不是線對稱圖形
我知道線對稱圖形的對稱角會一樣大
用量角器量圖形對稱軸的左、右的角
$\angle A = \angle K$　$\angle B = \angle J$　$\angle C \neq \angle I$　$\angle D \neq \angle H$　$\angle E \neq \angle G$
這個圖形有的對稱角不一樣大
圖形不是線對稱圖形

#### 作答說明

(A) 學童知道線對稱圖形的對稱邊一樣長，測量圖形所畫的對稱軸左、右各邊的長度，並以測量的結果判斷圖形不是線對稱圖形。

(B) 學童知道線對稱圖形的對稱角一樣大，測量圖形所畫的對稱軸左、右各角的角度，並以測量的結果判斷圖形不是線對稱圖形。

### 作答說明

學童知道線對稱圖形的對稱邊一樣長、對稱角一樣大，以圖形畫的對稱軸畫出對稱右半部的對稱點及圖形，並以畫出的線對稱圖形和原圖不同來說明。

### 正確例三

安熙畫的圖形不是線對稱圖形

線對稱圖形的對稱邊一樣長、對稱角會一樣大
我依圖形的對稱軸，
先畫出右半部的對稱點的位置
再連接各點畫出線對稱圖形
我畫的是線對稱圖形，安熙畫的圖形不是線對稱圖形

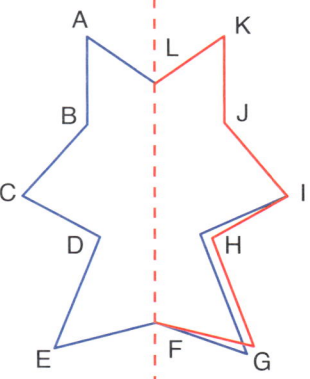

### 部分正確

安熙畫的圖形不是線對稱圖形

我知道線對稱圖形的對稱邊一樣長、對稱角會一樣大

### 作答說明

學童知道線對稱圖形的對稱邊一樣長、對稱角一樣大，也正確回答圖形不是線對稱圖形，但未以圖形的邊、角說明不對稱的理由。

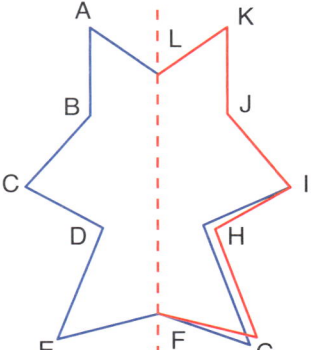

### 回答錯誤一

安熙畫的圖形是線對稱圖形
看起來對稱軸左、右兩邊一樣大

**作答說明**

學童不清楚線對稱圖形的性質，以圖形畫的對稱軸左、右兩邊看起來一樣大來說明。

### 回答錯誤二

安熙畫的圖形是線對稱圖形
我量過了，是線對稱圖形

**作答說明**

學童未說明測量圖形的方法，以量出的結果是線對稱圖形來說明。

### 回答錯誤三

安熙畫的圖形是線對稱圖形
線對稱圖形的對稱邊一樣長、對稱角會一樣大
$\overline{AB}=\overline{KJ}$    $\angle A=\angle K$

**作答說明**

學童知道線對稱圖形的對稱邊一樣長、對稱角一樣大，但只測量圖形畫的對稱軸的2個邊和2個角，便認為圖形是線對稱圖形。

主題五：圖形與空間

## 48 畫出指定的線對稱圖形

老師出了一題畫線對稱圖形的練習題（如下圖），並說：「這個線對稱圖形有甲、乙2條對稱軸，畫出這個圖形並標出點A的對稱點。」

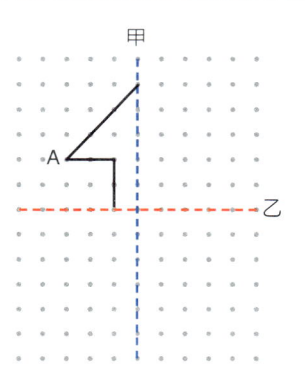

呈呈在紙上畫出完整的圖形後說：「這個線對稱圖形有2條對稱軸，我要如何畫出點A的對稱點？」

畫出完整的線對稱圖形並標示點A的對稱點，說明你畫的方法和想法。

**畫出完整的線對稱圖形並標示點A的對稱點：**

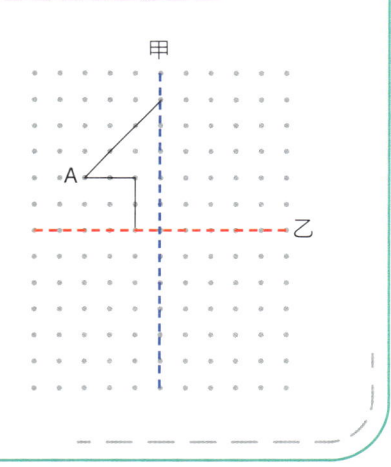

**我畫的方法和想法：**

---

### 教授的留言板

　　學童學習線對稱圖形，從1條對稱軸、2條對稱軸，到多條對稱軸，先學習認識對稱軸、對稱點、對稱邊、對稱角，接著才是繪製。學童以線對稱圖形的局部，要繪製出完整的圖形，他們應該先掌握有幾條對稱軸，再以對稱軸來畫出對稱點和對稱邊，而對稱角就會自然形成；當然也可自行設計線對稱圖形。繪製線對稱圖形有2個階段：第一個階段是在有格點的圖紙上繪製，學童有格點參考會容易很多；第二階段是在沒有格點的圖紙上繪製，他們還需有對稱軸平分兩對稱點之連線段的概念，才能順利找到對稱點等，這部分要到國中才會學習。本題是在有格點的圖紙上，並提示學童有2條對稱軸，瞭解他們能否從局部線對稱圖形，用線對稱概念來完成整個圖形？

## 學童作答舉隅

### 作答說明

學童知道畫線對稱圖形的方法，先以對稱軸甲，畫出圖形上半部，再以對稱軸乙，畫出圖形下半部；畫出點A的對稱點，並說明不同的對稱軸，點A的對稱點位置不同。

#### 正確例一

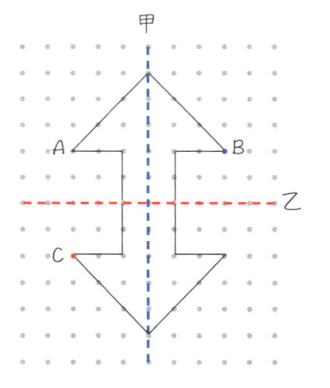

我先以對稱軸甲，畫出右上半的圖形
再以對稱軸乙畫出下半的圖形
以甲為對稱軸，點A的對稱點是點B
以乙為對稱軸，點A的對稱點是點C

### 正確例二

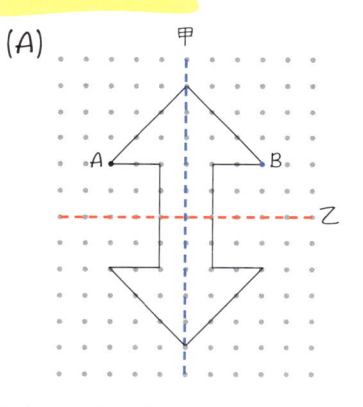

(A)

(B)

我先以對稱軸甲，畫出右上半
再畫出下半的圖形
對稱軸甲，點A的對稱點是點B

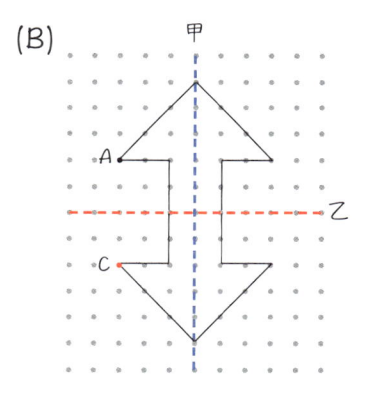

我先以對稱軸乙，畫出左下半
再畫出右半的圖形
對稱軸乙，點A的對稱點是點C

#### 作答說明

(A)學童能說明畫出線對稱圖形的方法，畫出正確的線對稱圖形，並說明以甲為對稱軸，點A的對稱點是點B。

(B)學童能說明畫出線對稱圖形的方法，畫出正確的線對稱圖形，並說明以乙為對稱軸，點A的對稱點是點C。

## 部分正確

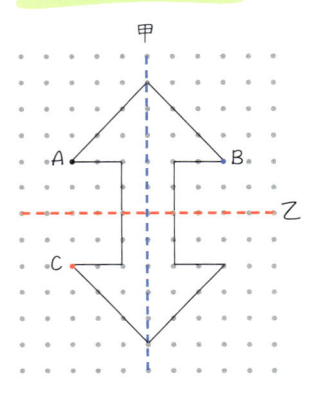

### 作答說明

學童畫出正確的線對稱圖形及點A的對稱點,但畫的方法說明不夠清楚,且未清楚說明點A的對稱點。

我用2條對稱軸畫出線對稱圖形及對稱點

## 回答錯誤一

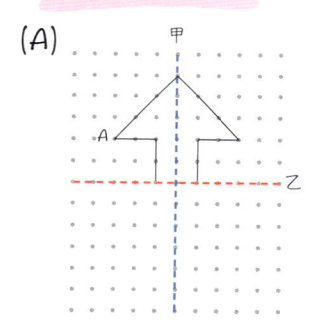

(A) 以甲為對稱軸，畫出圖形

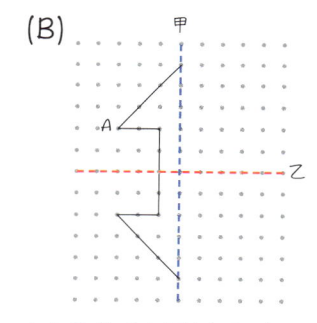

(B) 以乙為對稱軸畫出圖形

**作答說明**

學童未注意線對稱圖形有2條對稱軸，只選擇其中一條對稱軸畫出部分圖形，也未標示出點A的對稱點。

## 回答錯誤二

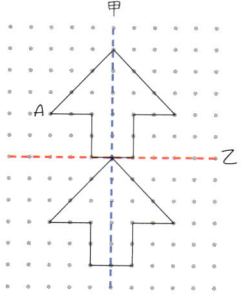

先畫上面，再畫下面

**作答說明**

學童不清楚線對稱圖形有2條對稱軸的意義，畫出不正確的線對稱圖形，也未標示出點A的對稱點。

主題五：圖形與空間

memo

## 主題六
# 資料與不確定性

## 49 熱可可的銷售量

佑佑在咖啡店工作，他將這一週的熱可可銷售量畫成折線圖（如下表及下圖），並向老闆報告：「越靠近假日，熱可可的銷售越好。」咖啡店老闆看了表與圖後，對佑佑說：「你的折線圖畫錯了。」

佑佑畫的折線圖有錯嗎？你是如何判斷的？

| 星期 | 日 | 一 | 二 | 三 | 四 | 五 | 六 |
|---|---|---|---|---|---|---|---|
| 數量（杯） | 12 | 4 | 0 | 5 | 7 | 8 | 10 |

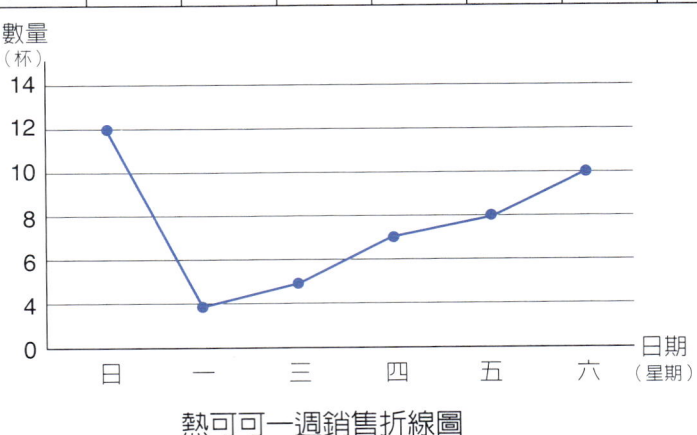

熱可可一週銷售折線圖

**佑佑畫的折線圖有錯嗎？**

**我判斷的方法：**

### 教授的留言板

　　折線圖是用直線段將各數據點連結起來而組成的圖形，以折線方式顯現數據的變化趨勢。學童認識折線圖的報讀後，接著會學習繪製；報讀和繪製都需掌握縱軸、橫軸的訊息，通常縱軸是數量、橫軸是有序資料；特別在繪製時，他們要能決定數量軸的刻度表徵，以及有序資料的處理。學童的最困難處在於間距大小的確定，當最大數值較小時的間距就要取小，例如：0～60取間距5，當最大數值不小時的間距就要取中，例如：0～1300取間距100，當最大數值很大時的間距就要取大，例如：0～12000取間距1000，這是相對不是絕對的概念。本題就在評量學童能否藉由縱軸、橫軸的訊息，來判斷折線圖的正確性。

## 學童作答舉隅

### 正確例一

佑佑畫的折線圖有錯

表格的星期是日、一、二、三、四、五、六
佑佑橫向少了星期二，雖然星期二的銷售是0，
折線圖仍然要畫
折線圖的縱向除了0～4是4杯一格，其他都是2杯一格
所以0～4之間要加省略符號

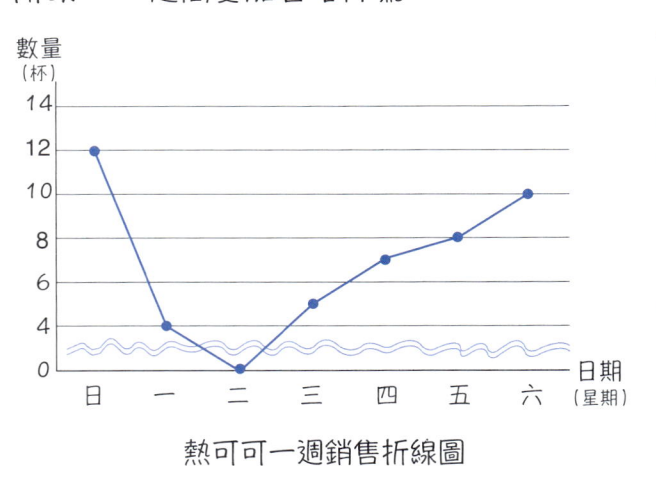

熱可可一週銷售折線圖

**作答說明**

學童以表格資料知道折線圖橫向資料少了星期二，並認為折線圖縱向一格的數量為2，以0～4之間要增加省略符號來說明。

### 正確例二

佑佑畫的折線圖有錯

一星期有七天，應該是日、一、二、三、四、五、六
表格也要有七天的資料
佑佑橫向少了星期二
折線圖的縱向一格是2杯
縱向的數字應該是0、2、4、6、8、10、12

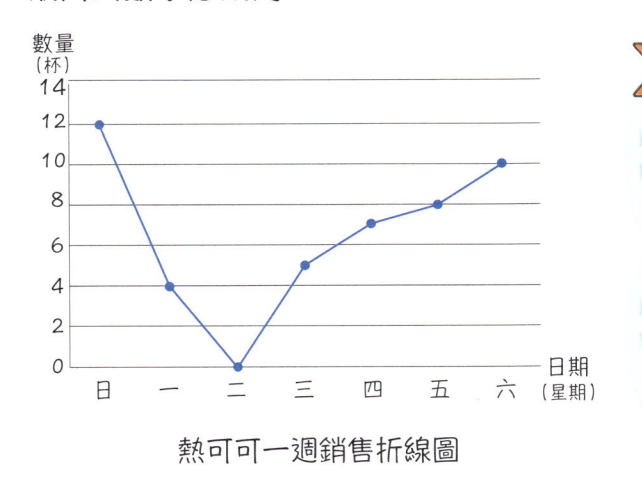

熱可可一週銷售折線圖

**作答說明**

學童以一星期有七天及表格資料說明折線圖橫向資料少了星期二，並認為折線圖縱向一格的數量為2，縱向數量的數字標示有誤。

### 部分正確

佑佑畫的折線圖數量標示有錯

從折線圖上的點看起來，和表格數量一樣
但折線圖每格的數量不完全相同
0～4是4杯
4～6、6～8、8～10、10～12是2杯
每格的數量要一樣多

**作答說明**

學童以折線圖每格的數量要一樣多來說明折線圖有誤，但未發現折線圖未畫出星期二的資料。

### 回答錯誤一

佑佑畫的折線圖沒錯

折線圖每一個日期的銷售數量位置都正確
星期二的銷售為0，應該可以省略不畫

**作答說明**

學童未發現折線圖0～4表示的數量和其他格表示的數量不同，只注意表格數量是否符合數字標示的位置，且認為折線圖可以省略數量為0的資料。

### 回答錯誤二

佑佑畫的折線圖沒錯

每個點的位置都正確
佑佑有把每個點都連起來，就是折線圖

**作答說明**

學童認為折線圖表示星期幾的數量位置正確，未發現折線圖0～4表示的數量和其他格表示的數量不同，且少了星期二的資料，認為每個點都連起來的就是折線圖。

# 50 太陽的高度角

上自然課時，筱陵學會觀測太陽高度的方法，他將一天記錄的太陽高度角畫出折線圖（如下表及下圖），畫完後他發現自己畫錯了，你知道筱陵哪裡畫錯了？說明你的想法，並畫出正確的折線圖。

| 時間 | 8時 | 9時 | 10時 | 11時 | 12時 | 下午1時 | 下午2時 | 下午3時 | 下午4時 |
|---|---|---|---|---|---|---|---|---|---|
| 太陽高度角（度） | 30 | 43 | 54 | 63 | 65 | 60 | 50 | 37 | 25 |

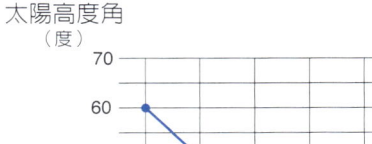

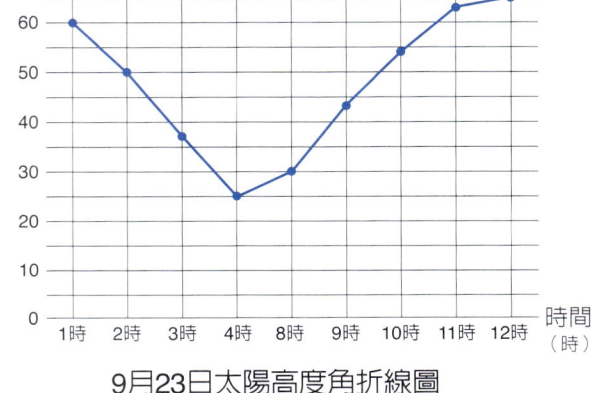

9月23日太陽高度角折線圖

**筱陵哪裡畫錯？說明你的想法：**

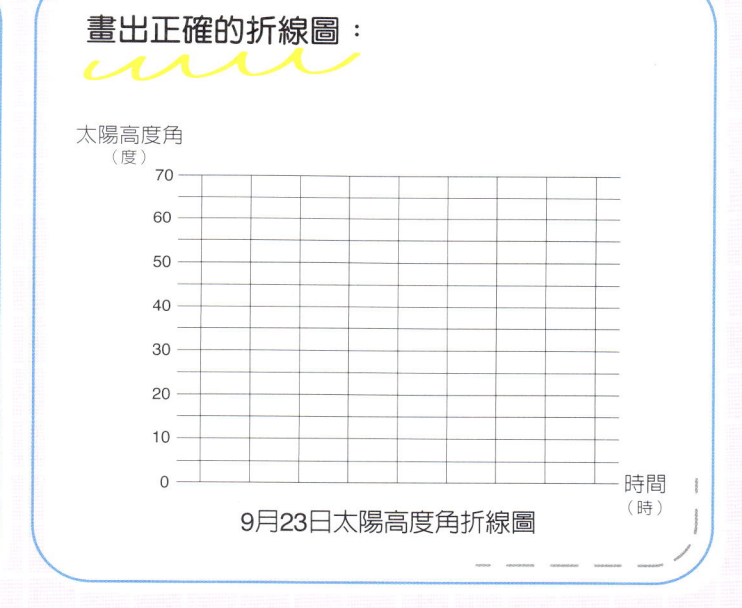

**畫出正確的折線圖：**

太陽高度角（度）

9月23日太陽高度角折線圖

時間（時）

### 教授的留言板

　　學童從統計表轉成折線圖，他們除了要看懂統計表中有關數量和對應的時間點外，還要知道數量所代表意義，以及時間點的發生順序，才能繪製出正確的折線圖。統計圖上的數據點是某數量和相關時間點的交點，當數據點確定後，可用直線段將相鄰2個數據點連結起來，就會形成折線圖。親師應培養學童能有自行檢查圖表的能力，先查看數量軸的間距、時間軸的順序，數量和對應時間的交點，再看看縱軸和橫軸的表徵是否正確且完整？最後看看圖表名稱能否顯示數量和時間兩者所代表的意義？本題的評量設計就是想瞭解學童能否從統計表轉成折線圖，並能正確掌握繪製折線圖的所有訊息。

主題六：資料與不確定性

## 學童作答舉隅

### 正確例一

折線圖的橫軸要按時間發生的順序
從上午8點開始到下午4點
不是先下午1～4點

太陽高度角（度）

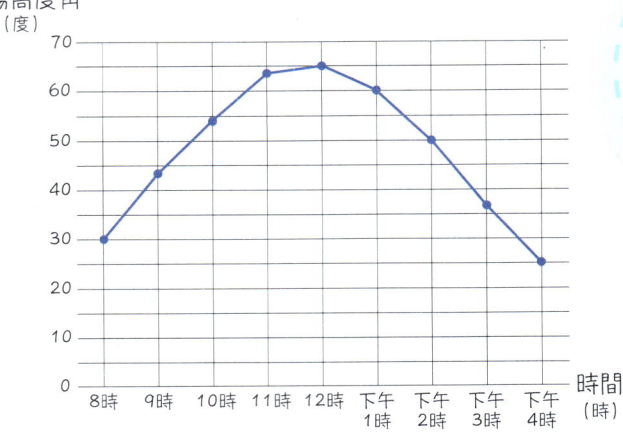

9月23日太陽高度角折線圖

### 作答說明

學童以折線圖橫軸時間要依時間發生的先後順序說明折線圖的錯誤，並正確標示折線圖橫軸的時間，畫出正確的折線圖。

### 正確例二

表格是從8時開始，也就是上午8點
觀察太陽高度角是從上午到下午
不可能先下午再上午

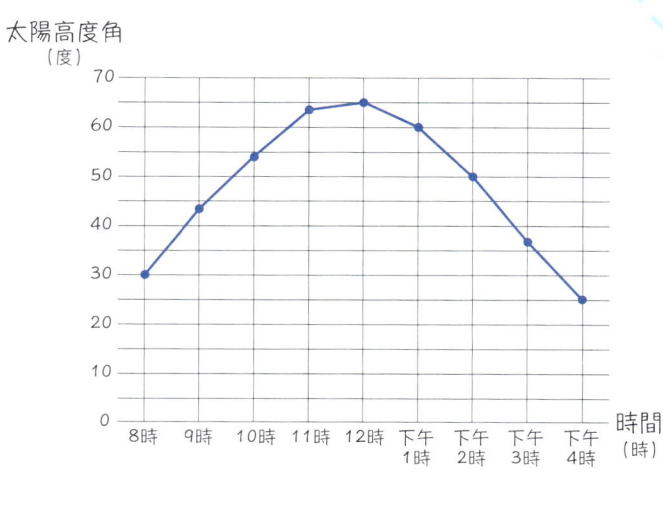

9月23日太陽高度角折線圖

### 作答說明

學童由表格資料及觀察太陽高度角的經驗說明折線圖的錯誤，並正確標示折線圖橫軸的時間，畫出正確的折線圖。

### 部分正確

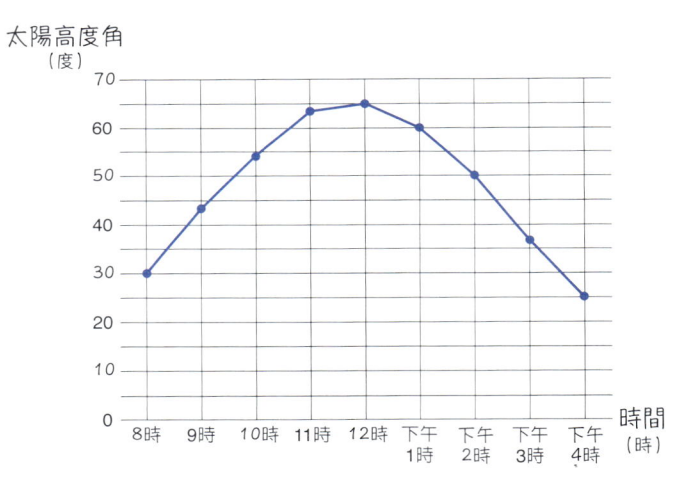

**9月23日太陽高度角折線圖**

（縱軸：太陽高度角（度），橫軸：時間（時）：8時、9時、10時、11時、12時、下午1時、下午2時、下午3時、下午4時）

**作答說明**

學童能正確標示折線圖橫軸的時間，畫出正確的折線圖，但未說明折線圖的錯誤。

## 回答錯誤一

**折線圖的點上要寫出角度**

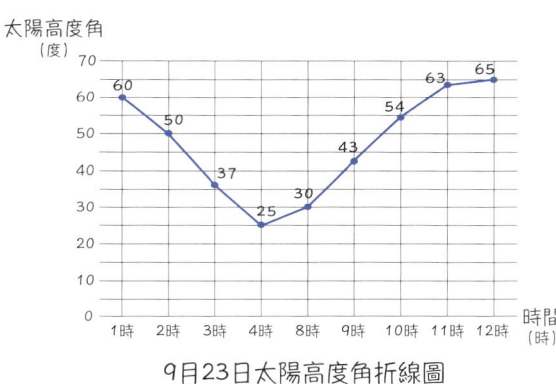

太陽高度角（度）

9月23日太陽高度角折線圖

數據點：1時 60、2時 50、3時 37、4時 25、8時 30、9時 43、10時 54、11時 63、12時 65

### 作答說明

學童不理解折線圖的意義，未發現折線圖的時間順序有誤，認為折線圖少了各點的角度標示，畫出不正確的折線圖。

## 回答錯二

**要依照表格的數字畫**

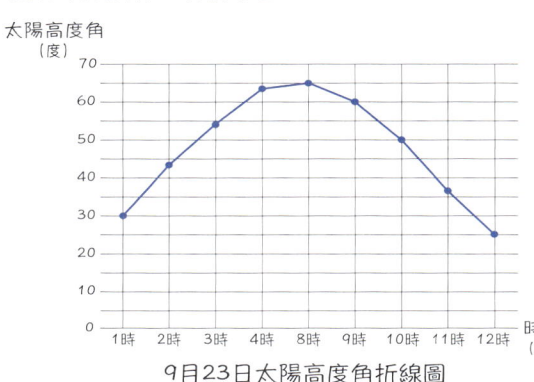

太陽高度角（度）

9月23日太陽高度角折線圖

### 作答說明

學童不理解折線圖的意義，認為折線圖的太陽高度角未依照表格中的順序，畫出了時間先後順序錯誤的折線圖。

主題六：資料與不確定性

**附錄一** 「整數與概數」各題之評量目標與對應各版本單元內容

| 題目名稱 | 評量目標 | 對應學習內容 | 對應單元 | 備註 |
|---|---|---|---|---|
| 1. 選數字排一排 | 知道並運用找2、3倍數的方法，排出正確的三位數。 | N-5-3 公因數和公倍數：因數、倍數、公因數、公倍數、最大公因數、最小公倍數的意義。 | **翰林**五上<br>2 倍數與因數<br>2-1 認識倍數<br>**康軒**五上<br>3 倍數與公倍數<br>3-1 倍數<br>**南一**五上<br>2 因數和倍數<br>2-4 倍數 | |
| 2. 數字卡遊戲 | 知道因數的意義，並找出10以內只有2個因數的數。 | N-5-3 公因數和公倍數：因數、倍數、公因數、公倍數、最大公因數、最小公倍數的意義。 | **翰林**五上<br>2 倍數與因數<br>2-2 認識因數<br>**康軒**五上<br>2 因數與公因數<br>2-2 因數<br>**南一**五上<br>2 因數和倍數<br>2-2 因數 | |
| 3. 水蜜桃蛋塔 | 理解因數、倍數的意義，察覺2個數之間的因、倍數關係，並解決問題。 | N-5-3 公因數和公倍數：因數、倍數、公因數、公倍數、最大公因數、最小公倍數的意義。 | **翰林**五上<br>2 倍數與因數<br>2-3 倍數與因數的關係和應用<br>**康軒**五上<br>2 因數與公因數<br>2-2 因數<br>3 倍數與公倍數<br>3-1 倍數<br>**南一**五上<br>2 因數和倍數<br>2-2 因數<br>2-4 倍數 | |

| 題目名稱 | 評量目標 | 對應學習內容 | 對應單元 | 備註 |
|---|---|---|---|---|
| 4. 積木排排看 | 知道最小公倍數的意義，並運用最小公倍數解決問題。 | N-5-3 公因數和公倍數：因數、倍數、公因數、公倍數、最大公因數、最小公倍數的意義。 | **翰林**五上<br>4 公倍數與公因數<br>4-1 公倍數與最小公倍數<br>**康軒**五上<br>3 倍數與公倍數<br>3-3 公倍數和最小公倍數<br>**南一**五上<br>2 因數和倍數<br>2-5 公倍數和最小公倍數 | |
| 5. 剪出正方形紙卡 | 理解公因數的意義，並運用公因數解決問題。 | N-5-3 公因數和公倍數：因數、倍數、公因數、公倍數、最大公因數、最小公倍數的意義。 | **翰林**五上<br>4 公倍數與公因數<br>4-2 公因數與最大公因數<br>**康軒**五上<br>2 因數與公因數<br>2-3 公因數和最大公因數<br>**南一**五上<br>2 因數和倍數<br>2-3 公因數和最大公因數 | |
| 6. 找回多少元 | 理解三步驟併式的意義，並判斷三步驟併式算式是否正確。 | N-5-2 解題：多步驟應用問題。除「平均」之外，原則上為三步驟解題應用。 | **翰林**五上<br>6 整數四則運算<br>6-1 三步驟的併式與逐步求解<br>**康軒**五上<br>8 整數四則運算<br>8-2 多步驟問題<br>**南一**五上<br>7 整數四則計算<br>7-2 多步驟計算 | |

| 題目名稱 | 評量目標 | 對應學習內容 | 對應單元 | 備註 |
|---|---|---|---|---|
| 7. 音樂影片的觀看次數 | 將不同的大數表徵轉換成相同的表徵後，以數的位值進行大小比較。 | N-5-1 十進位的位值系統：「兆位」至「千分位」。整合整數與小數。理解基於位值系統可延伸表示更大的數和更小的數。 | **翰林**五下<br>1 數的十進位結構<br>1-1 億以上的大數<br>**康軒**五下<br>5 十進位結構<br>5-1 億以上的數<br>**南一**五上<br>1 數的十進位結構<br>1-2 一億以上的數 | |
| 8. 更換電腦的費用 | 理解多個 0 的整數乘法計算，及乘法算式的意義。 | N-5-1 十進位的位值系統：「兆位」至「千分位」。整合整數與小數。理解基於位值系統可延伸表示更大的數和更小的數。 | **翰林**五下<br>1 數的十進位結構<br>1-4 十進位結構的應用<br>**康軒**五下<br>5 十進位結構<br>5-2 數的十進位結構<br>**南一**五上<br>1 數的十進位結構<br>1-4 大數的計算 | |
| 9. 猜數字遊戲 | 知道四捨五入取概數的方法，並由小數取概數的結果，找出可能的小數。 | N-5-11 解題：對小數取概數。具體生活情境。四捨五入法。知道商除不盡的處理。理解近似的意義。 | **翰林**五下<br>4 小數<br>4-4 小數、整數除以整數<br>**康軒**五下<br>6 整數、小數除以整數<br>6-2 小數 ÷ 整數<br>**南一**五下<br>5 整數、小數除以整數<br>5-2 小數除以整數 | |

| 題目名稱 | 評量目標 | 對應學習內容 | 對應單元 | 備註 |
| --- | --- | --- | --- | --- |
| 10. 定點投籃比賽 | 在生活情境中，知道並運用比率進行判斷。 | N-5-10 解題：比率與應用。整數相除的應用。含「百分率」、「折」、「成」。 | **翰林**五下<br>8 比率與百分率<br>8-1 認識比率<br>**康軒**五下<br>8 比率與百分率<br>8-1 認識比率<br>**南一**五下<br>8 比率與百分率<br>8-1 認識比率 | |
| 11. 便利商店的牛奶 | 知道並運用「百分率」、「折」、「off」解決生活問題。 | N-5-10 解題：比率與應用。整數相除的應用。含「百分率」、「折」、「成」。 | **翰林**五下<br>8 比率與百分率<br>8-3 百分率的應用<br>**康軒**五下<br>8 比率與百分率<br>8-4 百分率的應用<br>**南一**五下<br>8 比率與百分率<br>8-3 百分率的應用 | |

**附錄二** 「分數與小數」各題之評量目標與對應各版本單元內容

| 題目名稱 | 評量目標 | 對應學習內容 | 對應單元 | 備註 |
|---|---|---|---|---|
| 12. 不同口味的水果酥 | 離散量情境，理解等值分數的意義，並運用擴分的方法解決生活問題。 | N-5-4 異分母分數：用約分、擴分處理等值分數並做比較。用通分做異分母分數的加減。養成利用約分化簡分數計算習慣。 | **翰林**五上<br>7 擴、約分與加減<br>7-1 擴分與約分<br>**康軒**五上<br>4 擴分、約分與通分<br>4-1 擴分<br>**南一**五上<br>4 擴分、約分和通分<br>4-1 擴分 | |
| 13. 剩下的提拉米蘇 | 連續量情境，運用通分的方法比較異分母的分數大小。 | N-5-4 異分母分數：用約分、擴分處理等值分數並做比較。用通分做異分母分數的加減。養成利用約分化簡分數計算習慣。 | **翰林**五上<br>7 擴、約分與加減<br>7-2 通分與分數大小比較<br>**康軒**五上<br>4 擴分、約分與通分<br>4-3 通分和分數的大小比較<br>**南一**五上<br>4 擴分、約分和通分<br>4-3 通分和異分母分數的大小比較 | |
| 14. 吃掉的鮮奶泡芙 | 離散量情境，能用通分的方法進行異分母分數加法，並判斷算式是否正確。 | N-5-4 異分母分數：用約分、擴分處理等值分數並做比較。用通分做異分母分數的加減。養成利用約分化簡分數計算習慣。 | **翰林**五上<br>7 擴、約分與加減<br>7-3 異分母分數的加減<br>**康軒**五上<br>6 異分母分數的加減<br>6-1 異分母分數的加法<br>**南一**五上<br>6 異分母分數的加減<br>6-1 異分母分數的加法 | |

| 題目名稱 | 評量目標 | 對應學習內容 | 對應單元 | 備註 |
|---|---|---|---|---|
| 15. 點心鋪的鮮蝦燒賣 | 理解整數乘以單位分數的意義，並運用整數乘以單位分數解決生活問題。 | N-5-5 分數的乘法：整數乘以分數、分數乘以分數的意義。知道用約分簡化乘法計算。處理乘積一定比被乘數大的錯誤類型。透過分數計算的公式，知道乘法交換律在分數也成立。 | **翰林**五上<br>9 乘以幾分之一<br>9-2 整數乘以幾分之一<br>**康軒**五下<br>2 分數的計算<br>2-1 整數 × 分數<br>**南一**五下<br>1 分數的計算<br>1-2 整數的分數倍 | |
| 16. 飲料店的牛奶冰沙 | 理解 2 個整數相除，商為分數的意義，並解決連續量情境平分問題。 | N-5-6 整數相除之分數表示：從分裝（測量）和平分的觀點，分別說明整數相除為分數之意義與合理性。 | **翰林**五上<br>9 乘以幾分之一<br>9-1 分數表示整數相除的結果<br>**康軒**五上<br>4 擴分、約分與通分<br>4-4 用分數表示整數相除的結果<br>**南一**五下<br>1 分數的計算<br>1-1 用分數表示整數相除的結果 | |
| 17. 檸檬水裡的蜂蜜 | 理解分數乘以分數的計算方法，並判斷算式是否正確。 | N-5-5 分數的乘法：整數乘以分數、分數乘以分數的意義。知道用約分簡化乘法計算。處理乘積一定比被乘數大的錯誤類型。透過分數計算的公式，知道乘法交換律在分數也成立。 | **翰林**五下<br>2 分數的計算<br>2-2 分數的分數倍<br>**康軒**五下<br>2 分數的計算<br>2-2 分數 × 分數<br>**南一**五下<br>1 分數的計算<br>1-3 分數的分數倍 | |

| 題目名稱 | 評量目標 | 對應學習內容 | 對應單元 | 備註 |
|---|---|---|---|---|
| 18. 分數大小比一比 | 理解分數乘以分數的意義，運用乘數判斷乘法算式中積與被乘數的關係。 | N-5-5 分數的乘法：整數乘以分數、分數乘以分數的意義。知道用約分簡化乘法計算。處理乘積一定比被乘數大的錯誤類型。透過分數計算的公式，知道乘法交換律在分數也成立。 | **翰林**五下<br>2 分數的計算<br>2-3 被乘數、乘數與積的關係<br>**康軒**五下<br>2 分數的計算<br>2-3 被乘數、乘數與積的關係<br>**南一**五下<br>1 分數的計算<br>1-4 被乘數、乘數和積的關係 | |
| 19. 分到幾盒巧克力奶酥 | 理解分數除以整數的意義，在離散量情境解決分數除以整數的等分除問題。 | N-5-7 分數除以整數：分數除以整數的意義。最後將問題轉化為乘以單位分數。 | **翰林**五下<br>2 分數的計算<br>2-4 分數除以整數<br>**康軒**五下<br>2 分數的計算<br>2-4 分數 ÷ 整數<br>**南一**五下<br>1 分數的計算<br>1-5 分數除以整數 | |
| 20. 新臺幣兌換日圓 | 理解小數乘以整數的意義，並運用多位小數乘以整數的計算，解決生活問題。 | N-5-8 小數的乘法：整數乘以小數、小數乘以小數的意義。乘數為小數的直式計算。教師用位值的概念說明直式計算的合理性。處理乘積一定比被乘數大的錯誤類型。 | **翰林**五下<br>4 小數<br>4-1 多位小數乘以整數<br>**康軒**五下<br>4 小數的乘法<br>4-1 三位小數的整數倍<br>**南一**五下<br>2 小數的乘法<br>2-1 多位小數乘以整數 | |

| 題目名稱 | 評量目標 | 對應學習內容 | 對應單元 | 備註 |
|---|---|---|---|---|
| 21. 賣出多少香草冰淇淋 | 理解一位小數乘以一位小數的直式計算方法，並判斷直式是否正確。 | N-5-8 小數的乘法：整數乘以小數、小數乘以小數的意義。乘數為小數的直式計算。教師用位值的概念說明直式計算的合理性。處理乘積一定比被乘數大的錯誤類型。 | 翰林五下<br>4 小數<br>4-3 小數乘以小數<br>康軒五下<br>4 小數的乘法<br>4-3 小數的小數倍<br>南一五下<br>2 小數的乘法<br>2-3 小數的小數倍 | |
| 22. 生日會的焦糖布丁 | 理解整數除以整數商為小數的意義，解決整數除以整數商為小數的生活問題。 | N-5-9 整數、小數除以整數（商為小數）：整數除以整數（商為小數）、小數除以整數的意義。教師用位值的概念說明直式計算的合理性。能用概數協助處理除不盡的情況。熟悉分母為 2、4、5、8 之真分數所對應的小數。 | 翰林五下<br>4 小數<br>4-4 小數、整數除以整數<br>康軒五下<br>6 整數、小數除以整數<br>6-2 小數 ÷ 整數<br>南一五下<br>5 整數、小數除以整數<br>5-1 整數除以整數 | |

**附錄三** 「量與實測」各題之評量目標與對應各版本單元內容

| 題目名稱 | 評量目標 | 對應學習內容 | 對應單元 | 備註 |
|---|---|---|---|---|
| 23. 圓滿如意禮盒 | 理解1立方公尺的意義，知道並運用邊長1公尺正方體與邊長10公分正方體的關係解決問題。 | N-5-14 體積：「立方公尺」。簡單實測、量感、估測與計算。 | **翰林**五下<br>3 長方體與正方體的體積<br>3-2 認識1立方公尺<br>**康軒**五下<br>1 體積<br>1-2 認識1立方公尺<br>**南一**五下<br>4 體積<br>4-2 認識立方公尺和換算 | |
| 24. 花園裡的天然草皮 | 知道平方公尺和公畝之間的關係，並配合生活問題，選擇適合的方法取概數。 | N-5-12 面積：「公畝」、「公頃」、「平方公里」。生活實例之應用。含與「平方公尺」的換算與計算。使用概數。 | **翰林**五下<br>5 生活中的大單位<br>5-2 認識公畝、公頃和平方公里<br>**康軒**五下<br>10 生活中的大單位與折線圖<br>10-3 公畝、公頃、平方公里<br>**南一**五下<br>6 生活中的大單位<br>6-6 平方公尺、公畝、公頃和平方公里的換算及應用 | |

| 題目名稱 | 評量目標 | 對應學習內容 | 對應單元 | 備註 |
|---|---|---|---|---|
| 25. 國家公園的面積 | 知道平方公里和公頃之間的關係,並進行面積單位的換算與面積計算。 | N-5-12 面積:「公畝」、「公頃」、「平方公里」。生活實例之應用。含與「平方公尺」的換算與計算。使用概數。 | 翰林五下<br>5 生活中的大單位<br>5-2 認識公畝、公頃和平方公里<br>康軒五下<br>10 生活中的大單位與折線圖<br>10-3 公畝、公頃、平方公里<br>南一五下<br>6 生活中的大單位<br>6-6 平方公尺、公畝、公頃和平方公里的換算及應用 | |
| 26. 阿健的大貨車 | 知道公噸和公斤之間的關係,並進行重量的單位換算與計算。 | N-5-13 重量:「公噸」。生活實例之應用。含與「公斤」的換算與計算。使用概數。 | 翰林五下<br>5 生活中的大單位<br>5-1 認識公噸<br>康軒五下<br>10 生活中的大單位與折線圖<br>10-2 公噸和公斤<br>南一五下<br>6 生活中的大單位<br>6-2 公噸和公斤的換算及應用 | |
| 27. 點心鋪的和果子 | 知道時間乘法直式計算的方法,並判斷時間乘法的算式是否正確。 | N-5-16 解題:時間的乘除問題。在分數和小數學習的範圍內,解決與時間相關的乘除問題。 | 翰林五下<br>6 時間的乘除<br>6-1 時間的乘法<br>康軒五下<br>9 時間的乘除<br>9-1 時間的乘法<br>南一五上<br>9 時間的乘除<br>9-1 時間的乘法 | |

| 題目名稱 | 評量目標 | 對應學習內容 | 對應單元 | 備註 |
|---|---|---|---|---|
| 28. 校慶的卡通影片 | 知道並運用時間乘法與除法計算解決生活問題。 | N-5-16 解題：時間的乘除問題。在分數和小數學習的範圍內，解決與時間相關的乘除問題。 | **翰林**五下<br>6 時間的乘除<br>6-3 時間的應用<br>**康軒**五下<br>9 時間的乘除<br>9-3 時間的應用<br>**南一**五上<br>9 時間的乘除<br>9-3 時間的應用 | |
| 29. 彩色紙做的無蓋紙盒 | 理解容積和體積之間的關係，正確計算容器的容積，並判斷關於容積變化的敘述是否正確。 | N-5-15 解題：容積。容量、容積和體積間的關係。知道液體體積的意義。 | **翰林**五下<br>7 容積<br>7-1 認識容積<br>**康軒**五下<br>3 容積<br>3-1 認識容積<br>**南一**五下<br>9 容積和容量<br>9-1 認識容積 | |
| 30. 水族箱裡的金魚和烏龜 | 理解水的體積和不規則物體體積之間的關係，計算並比較不規則物體的體積。 | N-5-15 解題：容積。容量、容積和體積間的關係。知道液體體積的意義。 | **翰林**五下<br>7 容積<br>7-3 不規則物體的體積<br>**康軒**五下<br>3 容積<br>3-3 不規則物體的體積<br>**南一**五下<br>9 容積和容量<br>9-3 不規則物體的體積 | |

**附錄四**　「關係」各題之評量目標與對應各版本單元內容

| 題目名稱 | 評量目標 | 對應學習內容 | 對應單元 | 備註 |
|---|---|---|---|---|
| 31. 草莓園裡的草莓 | 理解平均的意義，並解決生活中的平均問題。 | R-5-1 三步驟問題併式：建立將計算步驟併式的習慣，以三步驟為主。介紹「平均」。與分配律連結。 | **翰林**五上<br>6 整數四則運算<br>6-4 平均問題<br>**康軒**五上<br>8 整數四則運算<br>8-4 平均問題<br>**南一**五上<br>7 整數四則計算<br>7-3 平均問題 | |
| 32. 彩色聖誕小燈泡 | 理解乘法對加法的分配律，並判斷算式是否正確。 | R-5-2 四則計算規律（II）：乘除混合計算。「乘法對加法或減法的分配律」。將計算規律應用於簡化混合計算。熟練整數四則混合計算。 | **翰林**五上<br>6 整數四則運算<br>6-2 分配律<br>**康軒**五上<br>8 整數四則運算<br>8-3 分配律<br>**南一**五上<br>7 整數四則計算<br>7-5 簡化計算 | |
| 33. 手工製作的小卡片 | 理解平行四邊形、三角形和梯形的面積公式的意義，並運用於面積比較。 | R-5-3 以符號表示數學公式：國中代數的前置經驗。初步體驗符號之使用，隱含「符號代表數」、「符號與運算符號的結合」的經驗。應併入其他教學活動。 | **翰林**五上<br>8 面積<br>8-4 面積的變化與應用<br>**康軒**五上<br>9 面積<br>9-3 梯形的面積<br>**南一**五上<br>8 平行四邊形、三角形和梯形的面積<br>8-4 面積公式的應用 | |

## 附錄五 「圖形與空間」各題之評量目標與對應各版本單元內容

| 題目名稱 | 評量目標 | 對應學習內容 | 對應單元 | 備註 |
|---|---|---|---|---|
| 34. 竹籤的選擇 | 理解並運用等腰三角形的性質及三角形任意兩邊和大於第三邊。 | S-5-1 三角形與四邊形的性質：操作活動與簡單推理。含三角形三內角和為 180 度。三角形任意兩邊和大於第三邊。平行四邊形的對邊相等、對角相等。 | 翰林五上<br>3 平面圖形<br>3-1 三角形的邊長關係<br>康軒五上<br>5 多邊形與扇形<br>5-2 三角形的邊長關係<br>南一五上<br>3 多邊形<br>3-3 三角形邊長的性質 | |
| 35. 三角形的三個角 | 理解並舉例說明三角形的三內角和為 180 度。 | S-5-1 三角形與四邊形的性質：操作活動與簡單推理。含三角形三內角和為 180 度。三角形任意兩邊和大於第三邊。平行四邊形的對邊相等、對角相等。 | 翰林五上<br>3 平面圖形<br>3-2 三角形的內角和<br>康軒五上<br>5 多邊形與扇形<br>5-3 三角形和四邊形的內角和<br>南一五上<br>3 多邊形<br>3-4 多邊形內角和 | |
| 36. 圖形是不是平行四邊形 | 知道平行四邊形的對邊相等、對角相等，並以此判斷圖形是否為平行四邊形。 | S-5-1 三角形與四邊形的性質：操作活動與簡單推理。含三角形三內角和為 180 度。三角形任意兩邊和大於第三邊。平行四邊形的對邊相等、對角相等。 | 翰林五上<br>3 平面圖形<br>3-3 四邊形的性質<br>康軒五上<br>5 多邊形與扇形<br>5-1 多邊形<br>南一五上<br>3 多邊形<br>3-1 多邊形 | |

| 題目名稱 | 評量目標 | 對應學習內容 | 對應單元 | 備註 |
|---|---|---|---|---|
| 37. 小昕做的正方體 | 知道正方體中面與面的平行關係，並透過正方體展開圖判斷正方體的兩個面是否平行。 | S-5-6 空間中面與面的關係：以操作活動為主。生活中面與面平行或垂直的現象。正方體（長方體）中面與面的平行或垂直關係。用正方體（長方體）檢查面與面的平行與垂直。 | **翰林**五上<br>5 立體形體<br>5-1 面的垂直與平行<br>**康軒**五上<br>10 柱體、錐體和球<br>10-3 面與面的關係<br>**南一**五上<br>10 正方體和長方體<br>10-3 面與面的垂直和平行關係 | |
| 38. 不知名稱的柱體 | 透過操作知道角柱的構成要素，並由面、頂點、邊的個數辨認角柱。 | S-5-7 球、柱體與錐體：以操作活動為主。認識球、(直)圓柱、(直)角柱、(直)角錐、(直)圓錐。認識柱體和錐體之構成要素與展開圖。檢查柱體兩底面平行；檢查柱體側面和底面垂直，錐體側面和底面不垂直。 | **翰林**五上<br>5 立體形體<br>5-2 角柱與圓柱<br>**康軒**五上<br>10 柱體、錐體和球<br>10-2 角柱和角錐的構成要素及關係<br>**南一**五下<br>7 柱體、錐體和球體<br>7-2 柱體的構成要素 | |
| 39. 角柱角錐猜一猜 | 知道角柱、錐體的構成要素，並以底面形狀和面數辨認形體。 | S-5-7 球、柱體與錐體：以操作活動為主。認識球、(直)圓柱、(直)角柱、(直)角錐、(直)圓錐。認識柱體和錐體之構成要素與展開圖。檢查柱體兩底面平行；檢查柱體側面和底面垂直，錐體側面和底面不垂直。 | **翰林**五上<br>5 立體形體<br>5-3 角錐與圓錐<br>**康軒**五上<br>10 柱體、錐體和球<br>10-2 角柱和角錐的構成要素及關係<br>**南一**五下<br>7 柱體、錐體和球體<br>7-3 錐體的構成要素 | |

| 題目名稱 | 評量目標 | 對應學習內容 | 對應單元 | 備註 |
|---|---|---|---|---|
| 40. 藍色三角形蕾絲領巾 | 理解三角形面積和長方形面積的關係，並運用三角形面積公式解決問題。 | S-5-2 三角形與四邊形的面積：操作活動與推理。利用切割重組，建立面積公式，並能應用。 | **翰林**五上<br>8 面積<br>8-2 三角形的面積<br>**康軒**五上<br>9 面積<br>9-2 三角形的面積<br>**南一**五上<br>8 平行四邊形、三角形和梯形的面積<br>8-2 三角形的面積和高 | |
| 41. 彩繩圍成的梯形 | 理解梯形面積公式的意義，並運用梯形面積公式計算梯形面積。 | S-5-2 三角形與四邊形的面積：操作活動與推理。利用切割重組，建立面積公式，並能應用。 | **翰林**五上<br>8 面積<br>8-3 梯形的面積<br>**康軒**五上<br>9 面積<br>9-3 梯形的面積<br>**南一**五上<br>8 平行四邊形、三角形和梯形的面積<br>8-3 梯形的面積和高 | |
| 42. 珊珊畫的圖形 | 理解扇形的定義，並以扇形的弧上任意一點到圓心的距離相等，判斷圖形是否為扇形。 | S-5-3 扇形：扇形的定義。「圓心角」。扇形可視為圓的一部分。將扇形與分數結合（幾分之幾圓）。能畫出指定扇形。 | **翰林**五上<br>10 扇形<br>10-1 認識扇形<br>**康軒**五上<br>5 多邊形與扇形<br>5-4 扇形與圓心角<br>**南一**五下<br>3 扇形<br>3-1 認識扇形 | |

| 題目名稱 | 評量目標 | 對應學習內容 | 對應單元 | 備註 |
|---|---|---|---|---|
| 43. 原味海綿蛋糕 | 知道扇形是圓的一部分，並運用圓心角畫出指定的扇形。 | S-5-3 扇形：扇形的定義。「圓心角」。扇形可視為圓的一部分。將扇形與分數結合（幾分之幾圓）。能畫出指定扇形。 | **翰林**五上<br>10 扇形<br>10-3 幾分之幾圓<br>**康軒**五上<br>5 多邊形與扇形<br>5-4 扇形與圓心角<br>**南一**五下<br>3 扇形<br>3-4 繪製扇形 | |
| 44. 積木的體積 | 理解長方體體積計算公式的意義，並判斷計算長方體體積的算式是否正確。 | S-5-5 正方體和長方體：計算正方體和長方體的體積與表面積。正方體與長方體的體積公式。 | **翰林**五下<br>3 長方體與正方體的體積<br>3-1 長方體與正方體的體積<br>**康軒**五下<br>1 體積<br>1-1 長方體與正方體的體積<br>**南一**五下<br>4 體積<br>4-1 體積的公式 | |
| 45. 不同顏色積木的表面積 | 知道正方體表面積的意義及計算方法，正確比較兩個正方體的表面積。 | S-5-5 正方體和長方體：計算正方體和長方體的體積與表面積。正方體與長方體的體積公式。 | **翰林**五下<br>9 表面積<br>9-1 長方體與正方體的表面積<br>**康軒**五下<br>7 表面積<br>7-1 正方體的表面積<br>**南一**五上<br>10 正方體和長方體<br>10-5 正方體和長方體的表面積 | |

| 題目名稱 | 評量目標 | 對應學習內容 | 對應單元 | 備註 |
|---|---|---|---|---|
| 46. 積木的堆疊 | 知道形體的體積相同時，表面積不一定相同，計算並比較形體的表面積。 | S-5-5 正方體和長方體：計算正方體和長方體的體積與表面積。正方體與長方體的體積公式。 | **翰林**五下<br>9 表面積<br>9-2 觀察表面積<br>**康軒**五下<br>7 表面積<br>7-3 探索表面積<br>**南一**五上<br>10 正方體和長方體<br>10-5 正方體和長方體的表面積 | |
| 47. 安熙畫的圖形 | 以線對稱的性質判斷圖形是否為線對稱圖形。 | S-5-4 線對稱：線對稱的意義。「對稱軸」、「對稱點」、「對稱邊」、「對稱角」。由操作活動知道特殊平面圖形的線對稱性質。利用線對稱做簡單幾何推理。製作或繪製線對稱圖形。 | **翰林**五下<br>10 線對稱圖形<br>10-2 對稱點、對稱角、對稱邊<br>**康軒**五上<br>7 線對稱圖形<br>7-2 對稱點、對稱邊和對稱角<br>**南一**五上<br>5 線對稱圖形<br>5-2 認識對稱點、對稱邊和對稱角 | |
| 48. 畫出指定的線對稱圖形 | 知道線對稱圖形的意義，畫出指定線對稱圖形，及點 A 的對稱點。 | S-5-4 線對稱：線對稱的意義。「對稱軸」、「對稱點」、「對稱邊」、「對稱角」。由操作活動知道特殊平面圖形的線對稱性質。利用線對稱做簡單幾何推理。製作或繪製線對稱圖形。 | **翰林**五下<br>10 線對稱圖形<br>10-3 畫線對稱圖形<br>**康軒**五上<br>7 線對稱圖形<br>7-3 繪製線對稱圖形<br>**南一**五上<br>5 線對稱圖形<br>5-3 畫出線對稱圖形 | |

## 附錄六　「資料與不確定性」各題之評量目標與對應各版本單元內容

| 題目名稱 | 評量目標 | 對應學習內容 | 對應單元 | 備註 |
|---|---|---|---|---|
| 49. 熱可可的銷售量 | 依據統計表資料正確報讀折線圖，並說明折線圖的錯誤。 | D-5-1 製作折線圖：製作生活中的折線圖。 | **翰林**五上<br>1 折線圖<br>1-1 生活中的統計圖<br>**康軒**五下<br>10 生活中的大單位與折線圖<br>10-4 繪製折線圖<br>**南一**五下<br>10 長條圖和折線圖<br>10-1 認識複雜長條圖和折線圖 | |
| 50. 太陽的高度角 | 理解折線圖的意義，知道題目中的折線圖的錯誤，並繪製正確折線圖。 | D-5-1 製作折線圖：製作生活中的折線圖。 | **翰林**五上<br>1 折線圖<br>1-2 製作折線圖<br>**康軒**五下<br>10 生活中的大單位與折線圖<br>10-4 繪製折線圖<br>**南一**五下<br>10 長條圖和折線圖<br>10-2 繪製折線圖 | |

國家圖書館出版品預行編目(CIP)資料

國小數學思考與推理. 五年級：50道生活化趣味化的建構反應題,強化小學生的數學素養及促進學習／鍾靜,詹婉華合著.
-- 初版. -- 臺北市：五南圖書出版股份有限公司, 2025.03
　面；　公分. -- (學習高手；253)
ISBN 978-626-423-063-6(平裝)

1.CST: 數學教育　2.CST: 教學設計　3.CST: 小學教學

523.32　　　　　　　　　　　　　　　　113019624

**學習高手系列253**

YI4L

# 國小數學思考與推理【五年級】

50道生活化趣味化的建構反應題，強化小學生的數學素養及促進學習

專 書 總 策 劃 － 鍾靜
作　　　　者 － 鍾靜、詹婉華
編 輯 主 編 － 黃文瓊
責 任 編 輯 － 陳俐君、李敏華
文 字 校 對 － 陳俐君
封 面 設 計 － 封怡彤
出　版　者 － 五南圖書出版股份有限公司
發　行　人 － 楊榮川
總　經　理 － 楊士清
總　編　輯 － 楊秀麗
地　　　址：106 臺北市大安區和平東路二段 339 號 4 樓
電　　　話：（02）2705-5066　　傳　　　真：（02）2706-6100
網　　　址：https://www.wunan.com.tw
電 子 郵 件：wunan@wunan.com.tw
劃 撥 帳 號：01068953
戶　　　名：五南圖書出版股份有限公司
法律顧問　林勝安律師
出版日期　2025 年 3 月初版一刷
定　　價　新臺幣 420 元

※ 版權所有‧欲利用本書內容，必須徵求本公司同意
※ 本書插畫圖片來源：shutterstock 網站

# 經典永恆・名著常在

## 五十週年的獻禮 —— 經典名著文庫

五南，五十年了，半個世紀，人生旅程的一大半，走過來了。
思索著，邁向百年的未來歷程，能為知識界、文化學術界作些什麼？
在速食文化的生態下，有什麼值得讓人雋永品味的？

歷代經典・當今名著，經過時間的洗禮，千錘百鍊，流傳至今，光芒耀人；
不僅使我們能領悟前人的智慧，同時也增深加廣我們思考的深度與視野。
我們決心投入巨資，有計畫的系統梳選，成立「經典名著文庫」，
希望收入古今中外思想性的、充滿睿智與獨見的經典、名著。
這是一項理想性的、永續性的巨大出版工程。
不在意讀者的眾寡，只考慮它的學術價值，力求完整展現先哲思想的軌跡；
為知識界開啟一片智慧之窗，營造一座百花綻放的世界文明公園，
任君遨遊、取菁吸蜜、嘉惠學子！